MILLIONAIRE

億を稼ぐ力

非エリートでもできる習慣と方程式

The Formula to Make Millions
Habits and strategies anyone can follow

NewsPicks Studios代表取締役CEO
『週刊SPA!』元編集長
金泉俊輔
Shunsuke Kanaizumi

KADOKAWA

はじめに

「稼ぐ人」
「稼いでいる人たちは、どのように稼ぎ、資産を積み上げているのか」

こう書くと、稼ぐ人そのものの人物像を思い描く人もいるかもしれません。

たしかに、本書には、億超え、いや数十億円の資産を保有する稼ぐプロたちの話が書かれています。

でも、本書でお伝えしたいのは、
彼らの稼ぎ方ではありません。

彼らが稼ぐ人になれた
本質的な部分、
すなわち「稼ぐ力」です。

職業柄、私はこれまでに５００人を超える
ミリオネアの方々と出会い、
彼らがどう思考し、どう動いてきたのかを取材し、
世に伝えてきました。

彼らを取材していて感じたことは、
「稼ぐこと」は、エリートや、

特別な才能を持つ人間の特権ではない、
ということでした。誤解を恐れずに言えば、
多くのビジネスパーソンが
真似できることばかりです。

そして、億超えの資産を保有できるか、
保有できないか。

その差は、ほんの少し考え方に柔軟性があることと、
それをもとにした行動の積み重ねだけなのです。

今、この時代において、
いかに「稼ぐ力」を身につけ、「稼ぐ人」となるか——。
そのための考え方、戦略から習慣、行動すべきことを、

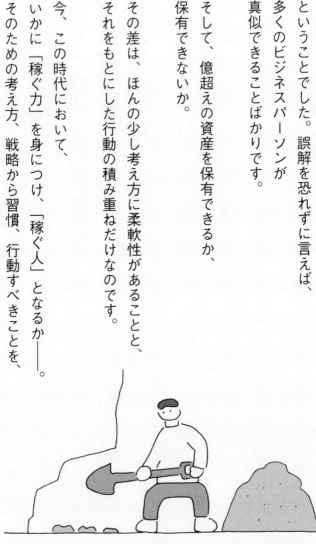

これまで多くのミリオネアたちに話を聞き、
ときに行動をともにしてきた経験から、
その共通点を見出し、お伝えしていきます。

前述のとおり、億を稼ぐ人は、
ほんの少し違う視点を持ち、
ほんの少し違う行動を積み重ねています。

まず必要なのは
特別な才能ではなく、習慣と方程式。

あなたが本書を通じて、
お金に対する価値観をあらたなものとし、「稼ぐ人」への一歩を踏み出せ
れば幸いです。

金泉俊輔

Contents

第2章 組織を活かしてキャリアを築く

第3章

お金との向き合い方と資産づくり

第4章 お金・ライフスタイル・健康の最適化

第5章 時代を読み人を動かす力

装丁・本文デザイン：菊池 祐（ライラック）
装丁・本文イラスト：米村知倫
編集：田村真義（KADOKAWA）
金丸信丈（ループスプロダクション）
執筆協力：杉原光徳（ミドルマン）
DTP：佐藤 修
校正：東京出版サービスセンター

序章

お金を稼ぐ人は面白い

稼ぐ人の

お金の本質

お金から逃げることはできない

■「お金への呪縛」を形成した原体験

「はじめに」の繰り返しになりますが、**お金の価値観を新たなものにすること、それが「稼ぐ人」への第一歩です**。でも実は、これは自分自身へのメッセージでもあるのです。まずはそこからお話ししましょう。

話は幼少期にさかのぼります。私の両親は幼稚園のときに離婚しており、父は会社を3回も倒産させている、ある意味で豪快な人物でした。「博打うちみたいな商売し

ているな」と子どもながらに感じていました。父は学生運動が原因で大学を除籍処分になってから建設会社を始め、貿易会社や不動産会社を経営してきました。

バブル期の１９８０年代に、景気がよかったのか急にジャガーに乗り始めたこともありました。電話つきのジャガーに乗って「俊輔、儲かったぞ！」などと言って、いきなり銀座のクラブに連れて行かれたことも覚えています。当時の私には、その場所にどれほどの価値があるものなのか理解できませんでしたが、それでも〝今はお金がある〟ということは子どもながらに感じていました。

しかし、そんな生活が長く続いたことはありません。いわゆる「セレブ」生活から一転して、また会社が倒産すると父は何年も音信不通になり、私と母は風呂なしの親戚の廃工場を間借りするようなギリギリな生活でした。

中学生のとき、新聞配達などをしてお金を貯めていましたが、そこに音信不通だった父が急に現れ「ちょっと金貸してくれ」と言って、すべて持っていかれたこともありました。大体30万円くらいだったと思いますが、中学生にしてはかなりの大金です。お金の用途は借金の返済。当然、貸したお金は戻ってきませんでした。そして、父は私が大学生のときに、借金を残したまま亡くなりました。没後、ある金融機関から父名義の億近い資産相続の通知書が届いたのですが、よく見るとそれは負債でした。大学生で億近い借金を抱えたと、そのときは目の前が真っ暗になったのを覚えています。実際はその後、裁判所で財産放棄手続きをすることができたのですが。これは、バブル崩壊後の日本経済にのしかかった不良債権問題の一部ということになります。

■お金や社会への不信感が募る日々

私は高校、大学と一貫の私立校に通っていたので、お金に余裕がある家庭に育ったと思われるのですが、このような状況でしたので生活は不安定でした。いいときはいいが、悪いときは明日の寝る場所もない。そんなジェットコースターのような生活環境は、**お金で回っている社会に対する不信感となっていきました**。

そんな私は、学費を稼ぐために学生イベント運営で一発逆転を狙った時期があります。イベント運営では約100万円の利益を出すことができましたが、さらに上の団体からパーティ券などを押しつけられ、それまでの利益をすべて失うだけでなく、仲間の信頼もなくしました。それで自暴自棄になり、引きこもり状態になったこともあります。今思えば「若いな」と思えるのですが、人生経験の浅い大学生にとってはショックな経験でした。

このような経験を経ると、稼ぐことに貪欲になるエコノミック・アニマル化のパターンもあるのですが、私の場合は違いました。

引きこもりから社会復帰すると、出版社に出入りしてフリーライターになりました。企画を考えたり、原稿を書くことで、学費や生活費が稼げる仕事がとても性に合いました。その縁もあって、大学卒業後は出版社に入社。当時の出版業界は今よりもリベラルな気風があり、景気もよく、あまり金勘定に頓着しない風潮でした。幼少期からお金に苦労してきた私は「お金に固執したくない」「お金のことを気にしたくない」、そうやって生きていけるのは出版社で本や雑誌づくりをすることだと考えるようになったのです。

■『週刊SPA!』ではお金の特集を手掛け続けた

しかし、社会に出て働き始めると、出版業界といえども学生時代に思い描いたような花畑のような世界はありませんでした。

入社後、書店に営業をする部署に配属となりました。そこには、日々の売上、在庫管理、物流があり、売れる本の何倍も売れない本がありました。それを出版社だけでなく、書店、取次会社、倉庫会社、印刷所で働く人々が必死でやりくりすることで、なんとかビジネスが成立しているのが本当の世界でした。

そのころから**「お金から逃げることはできない」と現実に向き合う**ようになり、29歳で『週刊SPA!』編集部に配属され、いろいろな取材をしていくうちに「お金を稼ぐ人は面白い」「お金を稼ぐ人はクリエイティブだ」だと思うようになりました。自分の中のお金の価値観に変化が生まれたのです。

そして、**幼いころから心に引っかかっていた「お金」の本質とはいったいなんなのだろう？　お金の世界をもっと深く覗いてみたい**と思うようになっていきます。

その筆頭は、この本の推薦文も書いてもらい、本文に何度も登場する、ホリエモンこと堀江貴文さん率いるライブドアの面々でした。

ＩＴビジネス担当編集者としてライブドアの前身であるオン・ザ・エッヂの頃から取材していた私は、彼らのインターネット技術を駆使した新しいビジネスへの挑戦や、市場のルールをギリギリ守りながら株式分割や企業買収を進めていく様子を夢中で取材しました。フジテレビ買収計画の実行部隊は当時まだ20代で、８００億円の資金調達を実現し、ニッポン放送株を買い進めたのです。当時、フジテレビはマスコミ就職人気ナンバーワンのエリート企業。そこに非エリートとも言っていい、若きライブドア軍団が勝負を挑んだのです。

その渦中に、ライブドア広報の乙部綾子さんを表紙にした『￥ｅｎ-ＳＰＡ！』というマネー誌を創刊。私は編集者として、個人投資家やエコノミスト、起業家をどんどん取材していきました。２００５年12月発売号では、『￥ｅｎ-ＳＰＡ！』とライブドアポータルサイトにネット証券会社のタイアップを掲載するという、おそらく日本初のコラボ企画を実現しました。

しかし、発売から一カ月も経たない2006年1月、ライブドアに東京地検特捜部の捜査が入り、この企画を推進した私とライブドアの担当責任者は頭を丸刈りにして、謝罪行脚となりました。

結果は、堀江さん以下の有罪判決などもあり、ライブドアは消滅しますが、その面々は現在、LINEヤフーの出澤剛社長ほか、上場企業の創業社長、大企業の重役、コンサルティング会社のパートナー、個人投資家など、多くのメンバーが「億を稼ぐ人」になっています。

もしもあのとき、ライブドアが消滅しなかったら、今の日本のインターネット産業や市場はもっと面白いもの、ダイナミックなものになっていたと夢想せずにはいられません。

同じころ、私が取材した大学生の三村雄太くんも、私のお金へのコンプレックスを解消してくれたひとりです。彼のトレード手法を書いた『平凡な大学生のボクがネット株で3億円稼いだ秘術教えます！』は、累計25万部を超えるベストセラーとなりました。

三村くんは国立大学の受験に失敗し、私大の夜間部に通っていたので、昼間の空いた時間に株のデイトレードを始めました。まだまだインターネットでの株売買が主流ではない時代、ゲーム感覚でデイトレードできる暇があった「非エリート大学生」が億を稼ぐことに革新的な面白さがありました。三村くんは20代半ばで資産10億円超えを達成します。

■「稼ぐ人」のほうが圧倒的に面白い

SPA!では、投資家や起業家、副業の達人のような「稼ぐ人」を多く取材しましたが、同時に貧困問題や下流社会の取材もたくさんしました。

その中で、私は**「稼ぐ人」のほうが面白い人が多く、魅力的な人が多いと感じる**ようになりました。私の頭の中で渦巻いていたお金の呪縛は徐々に消えていきました。

そして、出版不況の中でも、DXを推進し、新しいマネタイズをどんどん仕掛けていきました。

SPA!を辞めた後、ソーシャル経済メディア「ニューズピックス」に転職したのも「稼ぐ人」の魅力を取材する延長戦なのかもしれません。ニューズピックスではエリートで稼ぐ人にも多く会いますが、実はエリートにとって億を稼ぐことはそんなに特別なことではありません。成功しているスタートアップ経営者たちはもちろんのこと、大手の商社や外資系、医師や弁護士などで活躍していれば、若くして到達してしまう水準です。

面白いのは、ニューズピックス的エリートとSPA!的非エリートの稼ぐ力には共通点もあれば、相違点もあることです。

本書を手に取る読者のみなさんは、まだ億を稼ぐ途上の人がほとんどだと思います。**どうやったら億を稼ぐ力を身につけることができるのか？　そこには「お金」だけじゃない人間的な魅力とセットの世界があります**。私が長年取材を通じて見てきた、そのワールドを一緒に探訪していきましょう。

第1章

情報と視点をズラすことで稼ぐ

稼ぐ人が実践する考え方、ものの見方を取り入れる

常識を少しズラして
潜在ニーズを見つけ出すことが
稼ぐためのカギになる

稼ぐ人の
独自の視点

億を稼ぐ人は常識からズラせる人

■稼ぐ人と稼げない人の違いはどこにある？

世の中には「稼ぐ人」と「稼げない人」がいます。その違いはいったいどこにあるのでしょうか？

私から見ると、稼ぐことが難しい人の特徴として、大勢と同じ視点で物事を見て行動をする、というものがあります。もちろん、多くの人が実践しているような節約を徹底するなど、いわゆる順張り型の着実な方法で成果を出す人もいますが、稼ぐ力を持つ多くの人は、単純な視線で物事を見て、何も考えずに行動することはありません。

稼ぐ力のある人は、いろいろな意味で〝ズラす〟という行為をしているのです。**これを本書では「ズラす技術」と呼びます**。

ビジネスの世界において、まだ言語化されていない顧客や消費者のインサイトを見つけたり、誰も手をつけていないニッチな分野に目を向けることで稼いでいるパターンは非常に多いです。

ルールを守りつつも、そのルールの中で独自の視点を持ち、他の人が気づいていないポイントにアプローチする。そんな感覚を持っている人こそが、結果として「稼げる人」になっていくのだと感じます。

ただ、常識を大きく逸脱しすぎると稼げません。

例えば、何でも陰謀論につなげて考えるような人などは、それに該当します。特に最近ではSNSやYouTubeの影響力が増しており、既存メディアや体制側の発表を一方的に批判する情報発信者が溢れています。実は、そのような情報こそ発信者のポジショントークであると考えたほうがよいのですが、勧善懲悪的なわかりやすさと発信者のキャラクターから影響を受けてしまう人が少なくありません。世の中の「常識」は、多くの人が認めているからこそ常識と認識されています。それを無視して、

「新聞に書いてあることは正しくない」「世間で言われていることは操作されている」などと極端な見方をする人は、物事を考える視点がズレすぎていますから、その結果として稼げません。

■逆張りではなく順張りの中でズラす

また、単なる逆張りも稼ぐことにはつながりづらいです。ほかの人と視点を変えるといっても、ただ人と違うことをすればいいわけではありません。**順張りの中で、正しくズラす**ことができる人こそが、本当の意味で稼ぐ力を持っています。

片づけといえば「必要なものを残す」アプローチが常識でしたが、近藤麻理恵（こんまり）さんは「ときめくものだけを残す」というズラした視点で「片づけの魔法」を提唱しました。ものを捨てるプロセスを感情的な選択に変えることで、世界中で「KonMariメソッド」というブームを巻き起こしたのです。

また、日本を代表するデザイナーの佐藤オオキさん（nendo代表）は、夜遅くまで働くのが常識だったクリエイティブ業界で、朝4時に起きて仕事を始める生活を徹底しました。この業界の常識とは「ズレた生活リズム」が、nendoを世界的なデザイン事務所に成長させました。

それまで「当たり前」と思われていることに違和感を持ち、独自の視点をもって常識をズラしていく。こんまりさんや佐藤オオキさんのような著名な成功者ではなくとも、人とは違った成果を収めている稼ぐ人たちはこのような「ズラす技術」を駆使していることが多いです。

■しつこくズラし続ける力が稼ぎにつながる

以前、「億り人」のこんな話を聞きました（実際は数十億円の資産家でした）。

彼は、株式投資の基本とは、投資の神様ことウォーレン・バフェットの「割安な優良企業への長期投資」であり、バリュー投資の父ことベンジャミン・グレアムの「純資産価値を下回るバーゲン株の分散投資」であることを熟知していました。しかし、そこで個人投資家が勝つためには、短期志向で統計とレバレッジを駆使したヘッジファンド的なテクニカル投資をどう取り入れるかという投資哲学を持っていました。

結果、**ときに自らの勝ちパターンも否定しながら、自身の資産残高に応じて、新しい勝ち方にズラし続けていました。**

個人投資家として最初はボラティリティの高い新興銘柄のデイトレードでゲームのポイントのように資産を増やしていきながら、段階的に上昇トレンドにある大型銘柄のスイングトレード（数日から数週間の短期間で売買を繰り返す短期投資）に移行していきました。同時に為替を念頭に入れた米国バリュー株などの長期分散投資を進めます。また、○○ショックなどで相場が荒れるときは、安全な資金で空売りなどのヘッジファンド的投機も組み入れていったのです。

このように、視点をズラし続けて稼いでいるのです。

また、**「ピボット（方向転換）」**の考え方も重要です。うまくいかないときにすぐに軌道修正し、トライアンドエラーを繰り返しながら新しい道を見つけていく。この柔軟性がある人は、結果的に稼ぐことができているようです。

もう一つ大事なのは「ズラして鉱脈を当てたら徹底的に掘り続ける力」です。成功する人は、その集中力が違います。ただズラすだけでなく、それをしつこく続けることができる人が稼いでいます。その上で「継続してズラし続ける力」も必要です。ビジネスや投資の世界では一度の成功に留まらず、次のチャンスを探し続けている人が残り続けています。

■「アマゾンの箱」理論に見るズラし方

「稼げる人」と「稼げない人」の決定的な差を、稼げる人をよく取材するライターと話し合ったことがあるのですが、そこで「アマゾンの箱」に関する話題が出ました。

アマゾンの箱は内容物に対して容積が大きく、届くときには中がスカスカなことが多いと思います。あれは環境的に「エコじゃない」という批判がされることもあるのですが、これがいわゆる「普通」の発想なのです。

一方で、「稼ぐ人」は同じアマゾンの箱を見て、「流通上の合理性を考えて、こうしているんだ」とすぐに考えます。コンビニに入ってペットボトルを見ると、「流通のことを考えると、システム的にこうした形にしたほうがベターなのか」と考える、商品の陳列を見れば、「なぜこの配置なのか？」とマーケティングについて考える。

彼らは、**常に疑問を持ち思考を続けてしまう癖にも似た習慣を持っています**。

稼ぐ人の
新規参入

先輩がいない市場で自身の新たな価値を上げる

■既存の市場にも「未開拓の市場」がある

何か新しいことを始めようとしたとき、すでに先行者がいる市場に飛び込むのは、非常に競争が激しいです。先人たちが築き上げた基盤の上で戦おうとすると、すでに強固なネットワークやブランドが確立されているので、そこに新規参入者が入り込んで勝つのは至難の業。いわゆるレッドオーシャンです。

しかし、**まだ自分以外の同業者が手をつけていない市場**があればどうでしょうか？

そこで先手を打つことができれば、成功をつかめる可能性が高まります。

例えば、とある上場企業の社長。彼はもともと特別な才能があったわけではなく、プログラミングやホームページ制作を学んだ普通の若者でした。しかし、当時注目され始めていた「サラリーマン大家」の市場に目をつけ、インターネット上では未開拓だったその分野に特化したサービスを立ち上げたのです。結果として、そのサービスは多くのサラリーマン投資家や不動産会社に支持されサービスは成長。今では時価総額100億円規模の企業に成長しました。

ここで重要なのは、彼が不動産業界に飛び込んだのではなく、**自分の持っているスキルを活かせる領域にズラした**ことです。一般的にサラリーマン大家に注目した場合、その実態を知ろうと不動産業界に足を踏み入れがちですが、彼は違いました。まったくの未経験の不動産の分野で勝負するのではなく、**自分が得意とするITスキルに不動産市場を掛け合わせることで、新しい価値を生み出した**のです。このように、「ズラす技術」を意識することで、競争の少ない場所で優位にビジネスを進めることができるようになるでしょう。

誰しも、何かしら自分の武器を持っているわけですが、その特性は人によって千差万別です。金の埋まっている場所を掘っていく、つまり「稼ぐ」には、その特性を知っておかなければなりません。武器次第で稼ぎ方は変わってきます。

金の埋まっている土地を掘り返すのであれば、やり方やタイミングにこそ、稼ぐ人とそうでない人の違いが明瞭に現れます。

土を掘って地下の金を発掘したいが、地盤が固くなっていて掘り進められない。そんなとき、**通常の人はそのままがむしゃらに下へ下へと掘り下げていくのに対し、頭のいい人は下ではなく、その周りを掘っていく、ズラしていく**のです。

■古いスキルでも価値は変えられる

「ITやAIなどの新しいスキル」×「不動産のような古くて大きな市場」の掛け合わせは「ズラし」の基本セオリーといえます。しかし、一般的に稼ぐのが難しくて古いスキルでも、ズラし方次第では成功する事例もあります。

私がよく仕事をしていたライターの例を挙げましょう。彼はもともと雑誌ライターでした。とはいっても、ライターはそう名乗れば誰でもなれる職業。当然、競争も激しいので、なかなか仕事をとってこられず、収益を伸ばせない状況にありました。

そこで彼はライターとして取材し記事を書くだけでなく、取材の過程で出会った著名人たちと仲良くなり、既存のメディアに頼らずに著名人自身が発信することのプロデュースをしました。プロデュースといっても実務的な作業は著名人の口述を書き起こして文章にしたり、雑誌での記事執筆と変わりません。

しかし、当時まだSNSが今ほど活況ではなく、個人の発信による収益化が一般的ではなかった時代。そうした中、いち早く彼は個人が発信をして稼ぐ有料メルマガサービスに目をつけ「著名人の発信をサポートするライター」という分野にシフトしたわけです。その結果、先駆者として新しい市場を開拓し、成功を収めました。売れる作家に「出世」しないと、なかなか稼ぐことが難しいライターという職業で、彼はもうすぐ億を稼ぐ人の仲間入りを果たすと思われます。

やっていることは同じでも、**売り先を変える、売る場所を変えるなど、少しズラしていくことで、自分のスキルの値段が変わる**という好例でしょう。

■競争のない市場は先輩のいない場所にある

では、どうすれば未開拓の市場を見つけることができるのでしょうか？ 重要なのは**「先輩のいない場所」を探す**ことです。そのためには単に自分がいる業界と別の新しい業界を探すのではなく、**自分のスキルや経験が活かせる領域を見極める**ことが重要です。

例えば、カメラマン業界を考えてみましょう。以前は雑誌や広告撮影の仕事が主流で、競争が激しい業界です。しかし、SNSが登場し、新しいプラットフォームが生まれたことで、〝インスタグラマー専属のカメラマン〟という新しい職業が生まれました。カメラマンの先輩の中に、その界隈で活動している人がいない（少ない）となれば、チャンスといえるでしょう。これも「ズラす技術」の一例です。

エリート職業に分類されますが「ハグレ医者」たちも「先輩のいない場所」をみつけていました。「ハグレ医者」は十年以上前に書籍にもなったのですが、多くが臨床医になる職業で「臨床医」以外の道を進んでいる若い医師たちを取材したものでした。医師向けSNSサービスで起業した人、MBAを取得し医療経営コンサルタントに転身した人、大企業勤務の産業医にならずスタートアップや外資系企業を中心とした産業医になった人など、彼らは前任者のいないジャンル、「先輩のいない場所」を医療

「ズラし」て稼げる人になる

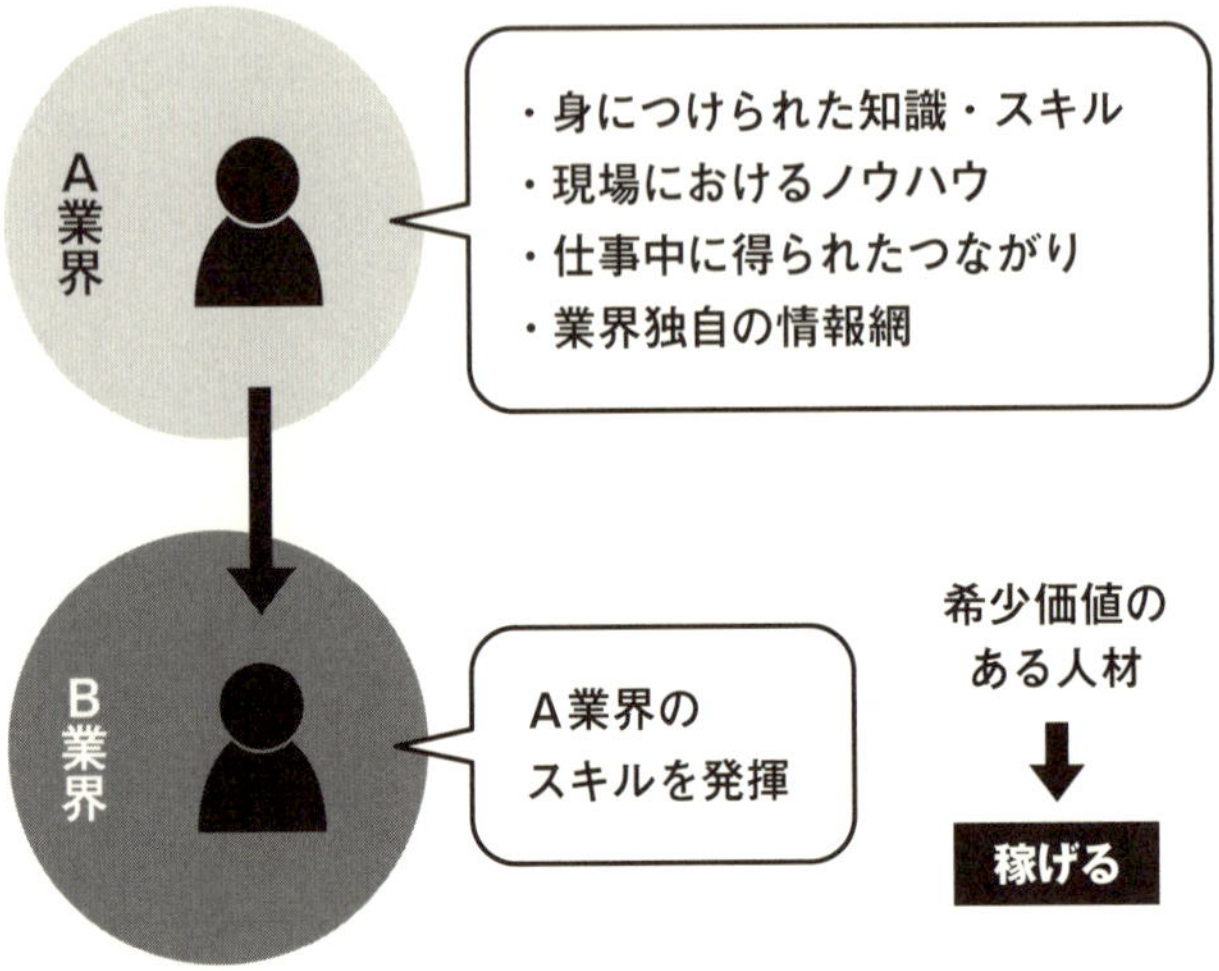

業界につくっていきました。取材段階では彼らが将来どうなるかはわかりませんでしたが、あれから十余年、医療費抑制政策や働き方改革などで医師が昔のようには稼げなくなったと言われる現在、先輩のいないジャンルを開拓した「ハグレ医者」の面々は大きな成功を収めています。

非エリートの事例ではありませんが、ハグレ医者たちは「先輩のいない場所」にキャリアをズラした好例といえるでしょう。

「ズラす」という発想は、競争が少ない市場を見つけることにつながる大切な考え方なのです。

稼ぐ人の
変化対応

変化の予測を立てて変化する場所へすぐに動く

■すぐに動くことの重要性

これからの時代を生き抜く上で、自分のキャリアをどのようにシフトさせるかは極めて重要なポイントではないでしょうか。私が取材してきたミリオネアの中にも、産業の変化をいち早く察知し、その流れに乗って、大きなチャンスをつかんできた人たちが大勢います。ご存知ソフトバンクの孫正義さんは、1980年代にソフトウェア流通事業からスタートすると、出版事業に進出。1990年代にはYahoo!などのインターネット事業、2000年代に入るとブロードバンド事業から携帯電話事業（ソフ

時代の流れの変化を逃さない

産業や法律、環境の変化に対応して動く

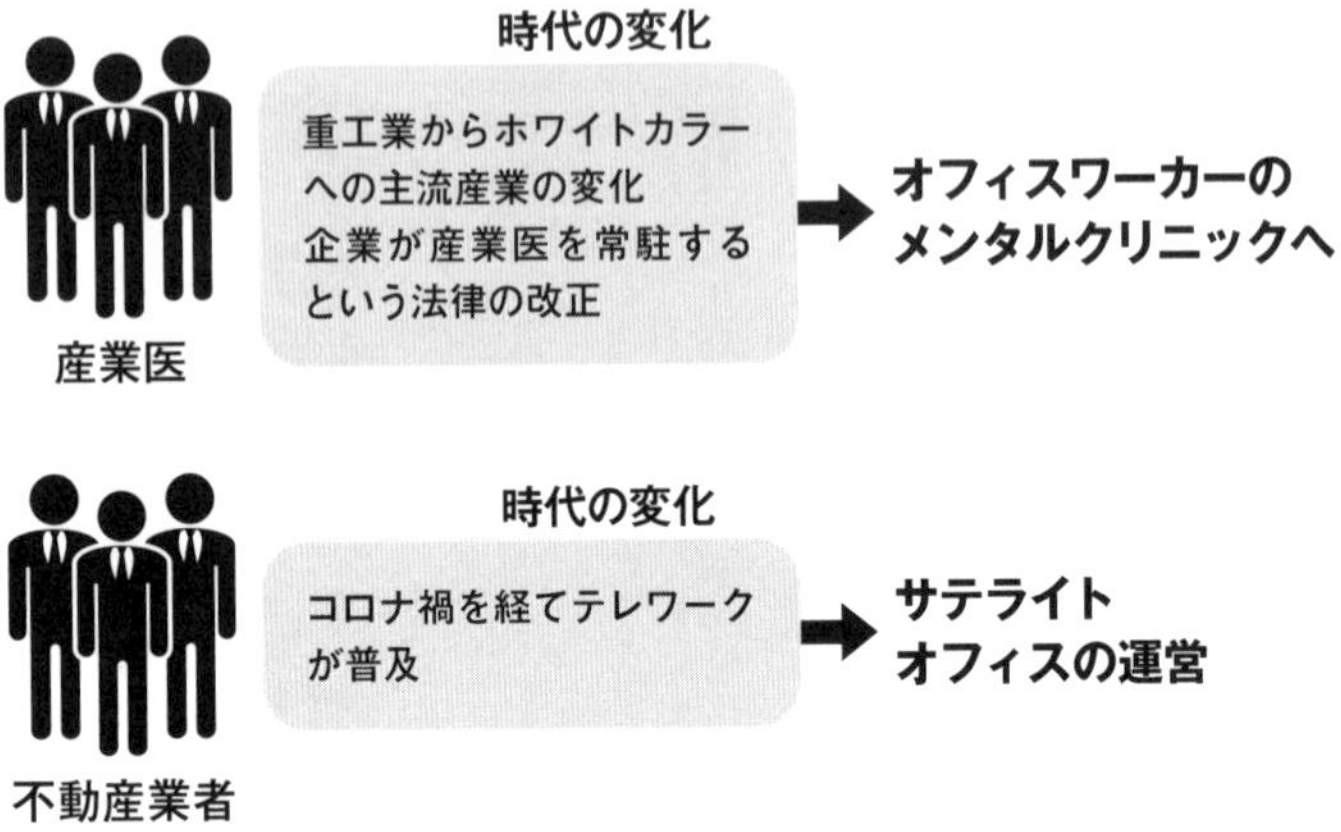
時代の変化
重工業からホワイトカラーへの主流産業の変化
企業が産業医を常駐するという法律の改正
オフィスワーカーのメンタルクリニックへ
産業医
時代の変化
コロナ禍を経てテレワークが普及
サテライトオフィスの運営
不動産業者

トバンクモバイル）といった通信事業に本格参入しました。そして、２０１０年代から現在はグローバル投資企業へと変貌しています。経営理念である「情報革命で人々を幸せに」をベースに、時代の変化をいち早く捉えて動いてきた結果です。孫さんの例はスケールが大きすぎるかもしれませんが、大なり小なり、このようなキャリアシフトや変化への対応は必要不可欠な要素でしょう。

もう一つ大事なのが、**「すぐに動く」**ことです。成功する人はとにかく行動が早い傾向があります。小さなことのようですが、メールの返信をすぐにする。判断をその場で行う。こうした姿勢が成功への道を開きます。公認会計士、経営コンサルタントとして活躍し、ベストセラー作家でもある勝間和代さんにメールで取材依頼書を送信した際、3秒後に「お断り」の返信が来たときは脱帽でした。

ただし、ここで注意すべきは、「すぐやるバカ」にならないことです。大切なのは動き始める早さではなく、**考えたことを素早く行動に移す、意思決定の早さ**です。

■エクスキューズをせず行動に移す

とはいえ、人間なかなか行動に移すのが難しいもの。その行動を妨げる最大の要因は「エクスキューズ（言い訳）」ではないでしょうか。「時間がない」「準備ができていない」「経験がない」といった理由で動かずに結局チャンスを逃している人が、どれだけ多いことか……。特にズラす過程においては、こうしたエクスキューズが起こりやすいといえます。現状でも生きていける環境にあるので、「まだ、大丈夫」や「慎重にいこう」という気持ちになりがちです。しかし、「ズラし」がうまくいっている人の多くはタイミングを敏感に察知し、行動に移しています。

稼ぐ人の
情報収集

情報を正しく読むことが稼ぐための最大の武器

■公開情報を正しく読み解く力

稼げるかどうかは、ここまで述べたように変化を読み解くための情報の扱い方が問われます。

稼ぐ人たちはこの情報の扱い方が優れています。とはいえ、まず求められるのは特別なことではありません。**公開されている情報にしっかりとアクセスし、それを正しく理解する**ことです。稼ぐ人は、特別な情報を得ていると思われがちですが、それだけではありません。むしろ、誰しもが得られる開示情報から発想を得ていることも多いと感じます。違いがあるとしたら、行政や企業の開示情報を正しく理解できるか、契約書や取扱説明書を正確に読めるかどうか。こうした基本的な文書を理解する力は、ビジネスの世界でとても重要になります。

■人から得る情報を大事にする

それと同時に、稼ぐ人は「人から得る情報」も大事にしています。特に、儲かる情報というものは、情報を大切にできるインナーサークル内で回っている場合が多いです。だからこそ、そういった**感度の高い場所にいる人と接する機会を持つことが求められます**。実際にお金を稼いでいる人たちの話に耳を傾けることができるかどうかがポイントです。

私は取材を通じて成功者たちから直接話を聞く機会があり、そこで得た情報を広く伝えることができる立場に身を置ける面白さから、この仕事をしています。

とはいえ、そうした立場にない人も多いでしょう。その場合は、意識的にそういった情報感度の高い場所にいる人に近づこうとする努力が必要になります。日々の仕事で出会う人々や取引先の中で気になった人を誘ってみる、セミナーや勉強会に参加してみるなど、そこにしかない情報が必ずあります。

■情報感度を高めるためには人と接するだけでは足りない

有用な情報は特定の人に集まります。特に地方、その地域ごとに本当に価値のある情報を持っているのは、多くの場合、成功している人やお金を稼いでいる人たちです。だからこそ、彼らの情報にアクセスすることは、稼ぐための一つの重要な戦略となります。

ただし、単に近づいて話を聞くだけでは不十分です。**その情報が本当に価値のあるものかを見極める力を持たなければなりません**。そのためにも、行政や企業の開示情報を正しく理解し、資料や契約書を正しく読むといった基礎的な力を磨いておかなければならないのです。

このように、人に話を聞く力と、情報を読み解く力、この二つの軸をしっかりと組み合わせていくことが、情報感度を高める方法になります。人と接する営業力だけでは不十分ですし、逆に情報ばかりを読んでいても、それだけでは成功にはつながりません。この二つをバランスよく活用することがカギとなるのです。

■巨額が動く不動産業界の情報戦

巨額のお金が動く世界といわれてまず思い浮かべるのが、不動産業界ではないでしょうか。不動産業全体の総売上高は約50兆円、従事している人数は100万人近くに及びます。しかし、その中で稼げる人とそうでない人の差が生まれるのは、情報感度の違いによるものが大きいでしょう。

一方で、2023年には不動産会社の倒産件数が過去最多になるなど、リスクの大きい業界でもあります。そのため、「勝ち組」と「負け組」が必ず分かれてしまうのです。では、どうすれば「勝ち組」になれるのか。それにも「ズラし」の発想が大事になります。

アパホテルは、その前身となる不動産会社の創業以来50年以上連続黒字の記録を継続中です。その背景には、「土地が安いときに買い、高いときには控える」という一見当たり前のようで、実は他社にはできない「ズラす技術」を実践してきました。各社がこぞって土地を買い漁る不動産バブル期には動かず、バブル崩壊後やリーマンショック直後など、他社が買い控えるときは逆に土地を買い進めてきたのです。

企業は単年度決算があり、業界横並びでの戦いがある中、アパホテルは元谷外志雄会長の経営手腕の元、時代を読む力と、逆張り戦略でこのような業績を出し続けています。

■不動産業はあらゆるビジネスの情報の宝庫

私は、不動産業に関わる方々と話をしていて、この業界は情報の宝庫だと考えています。

莫大な情報量が集積するので、もし個人が1億円の資産を持つようになりたいと思ったら、不動産に関わることは有効だと思います。不動産政策の動き、インフラ整備の計画、銀行の融資状況、仲介業者を通じた非公開情報など不動産の流れを知ることで、ほかのビジネスにも応用が利きます。

例えば飲食業で成功する人たちは、料理の腕だけでなく、不動産の動向を読み取り、ベストな立地を確保することが必要です。飲食業のオーナーが不動産業者と密接に関係を持ち、最適な物件を確保しながら事業を拡大していくのも、情報の活用による成功例の一つです。

不動産業界に足を踏み入れることで、生活力が高まるだけでなく、副業の選択肢も増え、さらに「ズラし」の発想が活かせる場面が増えてきます。

さらに、そうして得られる情報の中でも、いわゆる〝掘り出し物〟の情報が入ってくることがあります。これは、年に一度かもしれませんし、人生を通じて一度しかないかもしれません。しかし、そのタイミングを逃さずに活用できるかどうかは勝負の分かれ目になります。

ただし、それを見極めるには専門的な知識が必要です。また、不動産業界に身を置く、あるいは情報源を持っておけば、別の追加情報が入ってきます。これを活かして自分で物件を購入し、資産を築いていく人も多いのです。こうした情報は、どれだけ早くキャッチし、活用できるかが求められます。

不動産業界は独立しやすい業界でもあり、特に中小企業や個人ブローカーとして活躍する人が多いのは、大手の不動産会社に属している間に情報を蓄積し、その後、独立してその情報をフルに活用することができるためです。

■情報を制する者がチャンスをものにする

不動産投資で億を稼ぐ会社員を取材した際、「開示請求をうまく使えば、不動産に関する意外な情報が手に入る」という話を聞きました。行政文書の開示請求をすれば、大規模開発の予定や補助金の動きなどが事前にわかることもあるのです。こうした情報を活用すれば、不動産業者ではなくても、先回りして最適な物件を確保することができます。

不動産と金融は、あなた自身の専門領域と掛け合わせることで、稼ぐ道が開けます。

そして、その道を切り開くためには、「ズラし」の視点を持ち、情報を活用することが不可欠。インターネットビジネスの世界にも通じる話ですが、情報の活かし方次第で、大きなチャンスを手にすることができるのです。

正しい立ち回りをすれば、個人レベルでも大きな資産を築くことができる魅力的なフィールドだと言えるでしょう。

成功をするためには情報をどう扱うかが非常に重要です。繰り返しますが、**契約書や説明書を読む力、キーマンに近づいて価値ある情報を得る力、それを正しく見極める力。この三つが揃ってはじめて、情報を武器にすることができます。**

これは不動産業界に限らず、どの業界でも同じことが言えるでしょう。情報を制する者が、結果的にチャンスをものにする。これが、私が経験を通じて学んできたことです。

そして、その情報に「ズラす技術」を加えることで、より有利なポジションを築くことができるのです。

稼ぐ人の
情報活用

公開情報×成功者の情報の掛け合わせが肝

■ズラしの考え方と情報活用の本質

これまでの話では、10億円や100億円といった大きな成功を収めた人々の例もありましたが、「ズラす技術」の考え方は、決して大規模な事業家や投資家だけに適用されるものではありません。私たちにもっと身近な成功者たちも、この考え方を巧みに活用しています。個人でアプリを開発して収益を上げた人、副業として不動産投資を成功させた人。さまざまな事例が存在しますが、彼らは特別な才能やスキルを持っていたわけではありません。

では、何が違ったのか。それは、やはり**情報をどのように活用するか**という点に尽きるでしょう。情報の価値を見極め、それを実際の行動に移す行動力です。

■職務で得たスキルのどれを利用するか

私の後輩に、編集者のHという人物がいます。編集者という職業は、ほかに比べてお金に対する関心が薄い人が多いものです。もともと「クリエイティブな仕事がしたい」「本をつくることが楽しい」という動機でこの業界に入ってくる人が多いため、収入や資産形成について積極的に考える人はほかに比べて少ない職業です。かくいう私もそうでした。

しかし、Hくんは違いました。彼は取材を通じて得た情報を、自分自身の資産形成に活かしていきました。特に注目すべきは、不動産投資の手法でした。取材を通じて知己を得た業者を辿り、彼は生活保護受給者向けの物件投資を行いました。そこで行政から生活保護受給者に支給される最低家賃保証をそのまま家賃に設定することで、満室が続いています。家賃も空室リスクを最小限に抑えながら、安定した賃料収入を得る方法を選択することで、早々に「億り人」となったのです。

この事例からもわかるように、稼ぐ人というのは、情報の活かし方がうまく、情報の価値を見極め、それを行動に移す能力を持っています。編集者の彼が活用したのは、「書く能力」ではなく「情報を得る能力」と「行動に移す力」だったのです。

■性格的に相性のよい投資を選ぶ

投資の成功には、自身の性格との相性も大きく関係します。「儲ける情報を得た」と思っても、立ち止まって考えたほうがよいでしょう。

お金というのは、一種の精神安定剤のようなものです。投資によって精神が揺さぶられてしまうような状態では、誤った判断をしてしまいがちです。そのため、**どんな投資をするのかを決める際には、自分の性格や価値観に合った方法を選ぶ**ことが大切です。

例えば、不動産投資は株式投資のように数日で価格が乱高下するものではなく、比較的安定した収益を生む投資方法といわれ、精神的な安定を求める人にとっては、向いている投資手法だといえます。一方で、空室率の問題や、居住者や物件のメンテナンスはとても手間がかかります。

Hくんの場合、彼の慎重でマメな性格や長期的な視点が、不動産投資と相性がよかったのだと思います。

■ネットワークで情報を得る

過去のデータ、公的な資料、ニュースなど、誰もがアクセスできる「開示情報」と、人間関係やネットワークを通じて得られる「人づての情報」。稼ぐ人は、この二つをうまく組み合わせることで、ほかの人よりも一歩先を行っています。

開示情報を読み解く力を持つことはもちろん重要です。しかし、稼ぐ人がうまいのは、キーマンやほかの成功者とのネットワークを築き、そこから「生」の情報を得ることなのです。

活きのいい情報はすぐに利用することができます。それはつまり、限られた領域ならいくらでもビジネスに利用できるということです。こうした情報がネット上にごろごろ落ちているワケはありません。そうなっていたら、誰もが儲けられているでしょう。だからこそ、**人づての「生」の情報は希少価値がある**のです。希少価値のある情報は、いかようにも活用できるのです。

結局、成功する人は「情報の使い方」がうまいのです。開示情報を正しく読み解き、ネットワークを築き、タイミングを見極めて動く。これらをうまく組み合わせることが、稼ぐ力を高める方法なのです。

その上で**「情報を活用して素早く動けるかどうか」**。**そのためには、どんな情報を得るか、誰から得るか**がポイントになります。過去の経験を基にした分析力と、時代に合わせた行動力を持ち合わせることが、成功するための大きな要素です。

本章の後半では不動産業界で得られる「生」の情報や知識・経験を例にして「ズラし」の成功例を紹介してきましたが、不動産だけでなく、ほかの業種でも「生」の情報を得ることや知識・経験を活かして転用させることは十分可能です。

次章からは、そうした例を紹介していこうと思います。

本章のまとめ

視点をズラして先手を打つ

☑世間一般の常識から視点を少しだけズラしつつ、潜在的なニーズを見つけ出す

☑同業者・競合が少ない＋自分のスキルを活かせる市場を見つけたら、すぐに決断して行動に移す

☑開示情報を正しく読み解き、人づての情報を加えながら、自身の経験・スキルを転用できる場所を高める

方程式① 稼ぐための「ズラす技術」

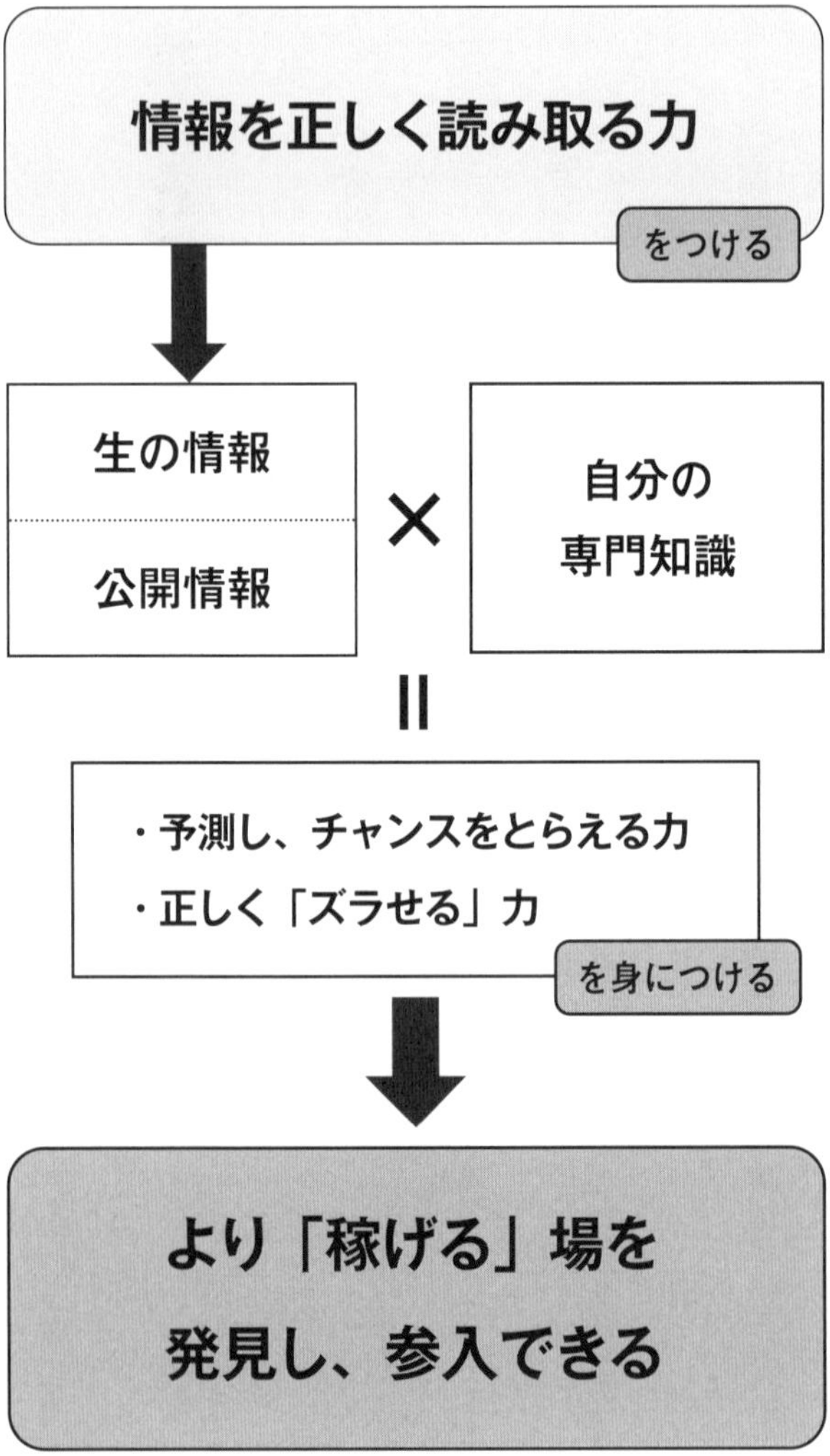

第2章

組織を活かしてキャリアを築く

会社員ならではの強みを活かして稼ぐ体制をつくる

会社員だからこそ活用できる
制度や人脈、信用を
上手に使いこなす

稼ぐ人の
雇われ方

「会社員」だからこそ億を狙う戦略がある

■「会社員だから稼げない」ことはない

「会社員である」というと、とかく拘束された立場のように考える人も多いでしょう。そのような立場で〝億〟と聞くと縁遠いもののように感じますが、まずお伝えしておくと、会社員であれば稼げないというわけではありません。

むしろ、会社員だからこそ活かせる戦略が存在します。特に、**本業、転職、副業、の三つの選択肢をうまく活用する**ことで、経済的な自由を手に入れてきた人たちを多く見てきました。

■稼ぐためにはやはり独立志向が必要なのか？

独立して事業を行う起業家は、リスクはありますが、会社員よりは資産をつくりやすいことは事実だと思います。しかし、独立志向がなければ資産形成が難しいというわけではありません。ただし、会社に属しながらも「雇われている」という受け身の姿勢ではなく、「会社に価値を提供する存在である」という意識を持つことが重要です。この考え方があれば、たとえ独立しなくても社内での評価を高め、結果として稼げます。

就職活動や転職活動においても、いわずもがなですが「会社に入れてください」と平身低頭でお願いするのではなく、「自分を採用すれば会社が得をする」と思わせることができる人のほうが有利です。

伊藤忠商事の代表取締役会長CEO 岡藤正広さんも**「会社を自身の最大のクライアント」と考え、自らのキャリアを築いてきた**と聞きます。岡藤さんは同社に新卒で入社し、その後は企業買収などの大胆な戦略を実行しながら会社を成長させ、同社を業界トップに引き上げた立役者です。こうしたマインドセットが社内での立場を強化し、昇進のチャンスを広げたのでしょう。

会社と言わずとも、まずは上司をクライアントと考え、困りごとを解決できないか。こういう業務を行えば負担が減るのではないか。などと考えることから始めてみてはどうでしょうか。そして、部署、会社と対象を広げていくイメージです。

会社は最大のクライアントであり、最大のビジネスパートナーでもあります。だからこそ、**「この会社にいることで、自分の市場価値がどう向上するのか」**を常に意識することが大切です。岡藤さんも、会社の一員として「会社は得意先」という視点を持つことで、経済界のトップに登りつめました。結果として会社に多大な貢献をしているのです。

■事業家マインドを持つ人材の採用とその影響

企業の採用戦略において、「事業家マインド」を持つ人材を意識的に採用することがあります。例えば、ある大手マスコミ企業で、独立志向が強い人材を中心に採用していた時期がありました。

その方針は最終的に優秀な人材が次々と独立し会社を離れていってしまったことから、後に採用方針を変更せざるを得なくなったというオチがつくのですが、そうした独立の気風が買われていた時期があるのは事実です。また、そうして独立していった人々も一定の成果を上げています。

この傾向はマスコミ業界に限ったものではありません。スタートアップ業界ではさらに顕著に見られます。**独立志向を持つ人々は、会社員として働きながらも、市場の変化を敏感に察知し、適切なタイミングで次のステップへと進んでいきます。**

■組織のレバレッジを活用する

組織の力を活用することは、自身が手掛けるビジネスの規模を拡大するために不可欠です。孫正義さんのようなカリスマ経営者も、個人の力だけで巨大な事業を築いたわけではなく、**組織というシステムのレバレッジを最大限に活用する**ことで、成長を加速させてきたのです。

個人で到達できる限界を超えるためには、企業の資本力や人的ネットワークを活用することが求められます。事業を拡大する際には、資本を使った投資によるレバレッジ、または人材を活用することが重要です。

堀江貴文さんが指摘するように、「どんなに仕事ができる才能があっても、人を使えない奴はいつか限界が来る」というのは、まさにこのポイントを示しています。ビジネスの世界でより稼ごうとするには、**個人の力だけでなく、チームを組織する力、それを活かすシステム構築力が求められます**。

今、日本企業でもハイパフォーマーに、多くの報酬を払うケースが増加しています。例えば、2021年のGMOインターネットグループでは年間報酬額1億円以上の取締役が16名となり、話題になりました。時間はかかりますが、本業である組織で結果を出し続け、信頼され、出世することは、億を稼ぐ王道となります。その道の先に転職や副業、さらには独立といったオプションがあるのです。

稼ぐ人の
キャリア

転職は次で勝負しない「次の次」まで見据える

■転職においても「ズラす技術」が有効

会社員でありつつ「稼ぐ人キャリア」をつくる選択肢として、転職があります。特にミリオネアやそれ以上の資産を築くためには、単に同業他社で給与の高い会社へ移るだけでは十分ではありません。仮に転職で年収が今より10%高い企業に転職できたとして、年収を2倍以上にしようとすれば単純計算で8回もの転職を繰り返す必要があります。それはそれで効率が悪い。

資産をつくるために年収はもちろん大事なのですが、**転職は年収アップよりも、稼**

ぐためのキャリアづくりの道と考えるべきです。少なくとも、私がこれまで話を聞いてきた稼ぐ人の中に、年収アップを第一の目的に転職した人は意外と少ないです。

もちろん、創業間もないスタートアップ企業に転職し、ストックオプション（自社株を一定の価格で購入できる制度）を得ることで、資産を大きく増やす人たちもいます。しかし、創業期の企業に参画するということは、最初は給料も安く、ハードワークで、さまざまな困難を乗り越える必要があります。そして、その会社が上場しなければリターンはありません。そこに勝負できるかを見極める力、失敗してもその次で挽回できる覚悟が必要です。

「どの業界で」「どのポジションで」「どれほどのキャリアを積むか」を踏まえて、どう働くのかを慎重に考え、転職においても「ズラす技術」を駆使することが、転職がうまくいくカギとなります。

稼ぐ人々は、自分の持つスキルや経験をどの業界やポジションに適用すれば最大限の価値を発揮できるのかを見極めています。それは、どこまで「ズラせるか」を知っているということでもあります。

つまり、ここまで述べてきたビジネスのしくみだけでなく、転職によるキャリアづくりにおいてもズラしを行っているのです。自身のもともと持っているスキルを、別の業界にズラす方法は、転職でも大いに活用したいところです。

■次の転職で勝とうと思うな

転職を成功させるためには、「次の転職で成功すればいい」という短期的な考えではなく、**「次の次を考えた転職」を視野に入れておく**べきでしょう。たとえ次の転職で給料が下がったとしても、その次のキャリアのために経験を積むことが、長期的には有利になります。

私自身、「転職は次の次を考えながらするべきだ」と転職を繰り返しながら上場企業社長となった友人に口酸っぱく言われてきました。なぜなら、最初の転職でキャリアが完結するわけではなく、そもそも成功するとも限りません。そこで「考えていたことと違った……」などと腐ってしまうのではなく、次の次を考えていれば、その**転職先で仕事をするポジティブな意義を見つける**ことができます。

例えば、できる仕事を増やすという目的で転職していれば、「ここで○○の仕事を身につけて、その後□□の仕事に取り組むことで領域を広げていこう」と考えることができます。

次の次を考えるのは、リスクヘッジでもあり、結果として長期的な成功確率を高めることになります。「次の転職」を「年収だけ」で考えて失敗する例としてあるのが、日本の家電メーカーの技術者が中国や韓国の企業に倍の給料で引き抜かれるケースです。彼らはノウハウを盗まれたら数年でリストラされ、社会問題となりました。一方で、たとえ給料は下がったとしても新しい経験を積みながらスキルを磨いた人は、**「次の次の転職」時には、ほかの人とは違う「ズレた」スキルが増え、飛躍する**可能性が高まるという具合です。

■転職ではなく「転社」では成長しない

転職と転社は違うという考えがあります。会社を変えたものの、同業他社でまったく同じ職務につくのは転職ではなく、「転社」だというものです。

元リクルートの藤原和博さんは、同じ人材サービス業には転じず、公立中学校の校長先生になったことで話題になりました。彼は教育現場におけるイノベーターとして、リクルートでのキャリアをもとに公立中学の現場を改革しました。

リクルートの客員社員（フェロー）から公務員ですから、収入は落ち込むわけです。しかし、その状況を受け入れながらも、新たなキャリアを切り開き、結果として教育分野で成功を収めました。

■「ハッシュタグ」戦略でキャリアをつくる

できる仕事を増やす。いわば、**スキルや専門性という複数の「ハッシュタグ」を持つことで、希少価値の高い人材になれる**のです。これは、前出の藤原和博さんが仰っていることですが、とても腑に落ちます。

例えば、「マーケティングができる人」「行政機関とリレーションがとれる人」「ファッションイベントの知見がある人」は、それぞれ大勢います。しかし、「マーケティング×行政機関×ファッションイベント」というスキルの掛け合わせを持つ友人は、現在、地方自治体の理解を得て、世界中から集客できる企画を次々に実現し、地方創生の領域で大きな価値を生んでいます。それぞれのスキルは100人に1人が持っていたとして、それ自体は世間的にかなり貴重なスキルというわけではないでしょう。しかし、**100分の1のスキルを三つ掛け合わせることで、100万分の1の価値を生み出すことが可能となる**わけです。

■転職もズラしながら成功する

転職を考える際には、**一回で大きく方向転換するのではなく、段階的にズラしながら新しいスキルや分野を模索する**ことも有効です。

例えば、企業に属しながら、スキルが活かせる副業を始めることで、新たなキャリアの可能性を広げることができます。あるいは、現在の職場で新しい業務領域に挑戦することで、次の転職でより多くの選択肢を持つことができるかもしれません。

転職は単なる職場の移動ではなく、長期的なキャリア形成の一部。短期的な給与の上昇に喜ぶのではなく、ズラしの技術を駆使しながら、稼ぐ人への道につながっていくキャリアを築いていくことが重要です。

稼ぐ人の

副業

副業で資産とキャリアをつくる成長戦略

■副業の選択肢が広がっている

働いて稼ぐという点では、副業が最もわかりやすい考え方でしょう。会社員として働きながらも、副業を成功させた事例は多くあります。例えば、前章でお伝えしたHくんは、副業を通じて稼ぎ、本業の収入がそこまで多くないにもかかわらず、30代で金融資産1億円を超える成功を収めたひとりです。彼は本業となる編集の仕事で金融特集の仕事を積極的に引き受けることで投資の知識を深め、高利回りのアパート経営を確立しました。

また、近年ではオンラインを活用した副業の選択肢も広がっています。投資やコンサルティング、コンテンツ販売など、多様な方法で収益を得ることが可能です。**企業に勤めながらも個人としてのブランドを確立し、SNSなどを活用して新たな収入源を生み出す**人も増えています。

■会社を最大限に活用する

副業中も、**在籍している会社のブランド力を活用することで、個人の信用力が向上し、不動産投資などではローンが組みやすくなる**利点もあります。また、大企業に勤めている場合は、その看板を使って業界の著名人や専門家とつながることもできます。会社名を使って悪さをするという話ではなく、「大手IT企業の○○に務めている□□という者です」と言えば、「ITの知見は確かなのだろう」などと、その人物の実力を担保してくれるでしょう。

要するに、**会社の肩書を使って情報収集や交渉を行うことができる**ということです。業界の勉強会への参加などで得られるチャンスは、実は多くあります。

■会社員として感じる仕事への疑問がビジネスの種になる

成功する会社員の多くは、日々の仕事の中で「このやり方は本当に正しいのか？」「もっと便利になるものはないか」と疑問を持っています。その疑問が、新たなビジネスチャンスにつながることも少なくありません。会社員だからこそ得られるビジネスの種です。

日々の業務の中で覚える違和感や問題点に敏感になり、それを解決する方法を模索することで、新たな事業や投資の道が開かれることがわかります。

例えば、Sansan社長の寺田親弘さんは、大量の名刺を管理する手間と、大量にありながらその名刺を活かしきれない点に課題を感じ、クラウド型名刺管理サービスを提供する同社を設立しました。ほかにも、フリーＣＥＯの佐々木大輔さんは中小企業が経理業務に多くの時間を取られていることに着目し、簡単に使えるクラウド会計ソフト「freee」を開発するなど、多くの例があります。

組織のレバレッジを活用する

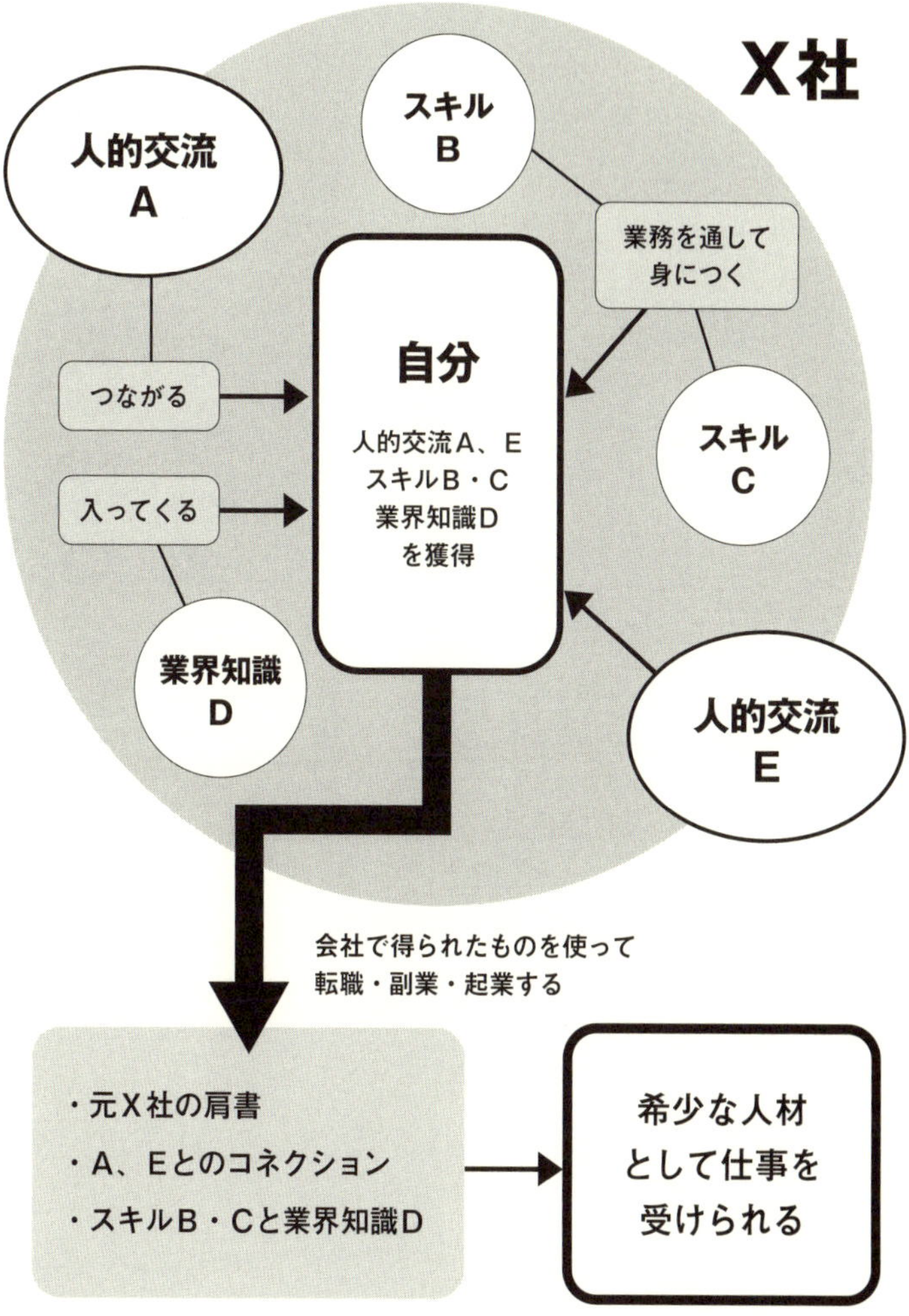

稼ぐ人の

法人化

会社員をしながら「会社をつくる」メリット

■副業でやれることの幅を広げる法人化

企業によっては副業を禁止しているところもあるので、この方法はさらに踏み込んでいる前提ですが、副業をしている人にとって法人を持つことは、メリットがあります。特に**企業や自治体との取引がしやすくなる点は、仕事の幅を広げる上で非常に便利なもの**になります。個人事業主のままでは取引できないような案件も、法人名義であれば可能になることもあります。特にコンサルティング業務やクリエイティブ業務を行う人にとっては、法人化は強みになります。それらの仕事の顧客の大半は企業で

あり、企業はリスクを考慮するため、法人との取引を優先する傾向にあります。

また、**法人を持つことで金融機関からの融資を受けやすくなる**点も見逃せません。個人事業主では信用力の問題から融資のハードルが高くなりますが、法人であれば事業計画をもとに融資を受けられる確率が高まります。長期的な事業運営を考えれば大きな利点と言えるでしょう。また、補助金などの選択肢も出てきます。

さらに、税制面でのメリットもあり、住居やオフィスの経費を法人の経費として計上できる場合もあります。実質的な税負担を軽減できる場合もあり、状況によってはさまざまな面で法人化はメリットがあります。

■法人がもたらすビジネスの広がり

ある取材先のエンターテインメント関連企業に勤める人が、会社員をやりながら、副業をしていましたが、数年前に法務と経理のプロをつけて法人を設立しました。すると、前述したようなさまざまなメリットを実感したそうです。法人として活動することで、より大きな案件を獲得できるようになり、副業収入が増加、現在では会社員を辞め、副業を本業としています。会社員時代からの蓄積もあり、すでに「億を稼ぐ人」となっています。

この人は、本業のスキルを活かしながら法人を運営していました。副業がＯＫの会社であっても競業避止義務に触れることがあるので、その点は細心の注意を払う必要がありますが、そこがクリアになれば、本業での知識・スキルを活用して新たな収益源を確保できるようになります。稼ぐ人を取材していると、少しずつズラしていく、このパターンが実は多いです。

そして、法人化することで、事業のバイアウト（事業売却）の可能性も出てきます。

Tokyo Otaku Modeの創業者である亀井智英さんは大手広告代理店を退職後に独立し、自身のやりたかった「日本のポップカルチャーを世界に発信すること」を主軸に置いた事業を立ち上げました。そうして自らのアイデアを形にし、**事業を成長させ、最終的に法人のバイアウト（企業売却）を実現**しました。また、ライフレシピの共有サービスであるnanapiを立ち上げた、実業家のけんすうこと古川健介さんも、ＫＤＤＩに数十億円で事業をバイアウトしています。**事業そのものを売ることができるのは、法人化による最大のメリットの一つ**といえるでしょう。

稼ぐ人の
地方の起業

地方は使える制度とビジネスチャンスが多い

■ライバルが少ない地方は逆に稼ぐチャンスが多い

「地方は衰退している」

そんな言葉を耳にすることも多いですが、地方のポテンシャルはむしろ高く、億という資産を得るための道は意外と開かれています。

日本の地方部は、世界的に見ると恵まれた環境にあり、都市部にはないビジネスチャンスが存在しています。地方においても成功のために重要なのは、ここまで話してきたことと大きく変わるものではありません。すなわち、行動力や情報収集力です。

地方で稼いでいる人は、**都市部と比べてライバルが少ない**点を活かしているという特徴があります。例えば、どの地域にも必要なインフラに関わる建設関連や運送業などの分野では、都市部に比べて競合が少なく、アイデア次第では利益率の高いビジネスを展開することも可能です。

東北地方で植木苗販売業者として成功したSさんの話です。Sさんの地域でも高齢化と過疎化が進み、周辺の同業他社が廃業していくなか、まずSさんは同業他社の事業承継を進め、周辺地域の販路を拡大しました。事業が大きくなるのに合わせて栽培と販売の分業を進め、Sさんは販売に注力。販路を東北地方から全国に広げ、特に高速道路の路側樹木や道路植栽を集中的に事業拡大していきました。東日本大震災の影響もあり、補助金や助成金などの制度をフル活用し、地域の競合他社が続々と撤退するなかで、Sさんの会社は事業を大きくしています。

都市部では顧客が多い一方で同業者もひしめき合い、競争が激化することがあります。地方ではそうした競争が発生しにくく、「正しくズラす」ことで安定した収益を確保しやすいのです。

また、**地方には地域密着型のビジネスを展開しやすいというメリット**もあります。

地域に根ざしたビジネスを展開すれば、長期的な顧客関係を築くことができ、リピーターを獲得することで安定した経営が可能になります。

もちろん人口減少の問題は無視できませんが、地方ならではの豊かな文化や自然を活かすことで、都市部からの観光客やインバウンド客の需要を掘り起こし、高単価なビジネスを行うことも可能です。外国人に人気のある京都市、那覇市、福岡市などはもちろん、現在、バブル状態にあると言われている北海道・ニセコ町や長野県・野沢温泉村などは、まさにその典型でしょう。こうしたさまざまな要素を考えると、地方で事業を起こすことには大きなメリットがあるのです。

■補助金制度が充実した地方はビジネスを進めやすい

地方で成功する方法として、副業を大いに活用するのも手でしょう。地方は職場も近く、残業時間も短いので、都市部より本業の拘束時間が少ないです。単純な話、**空いた時間で副業を積極的に行うことで、複数の収益源を確保する**ことができます。

例えば、農業を営みながらネット販売を行う、週末だけ民泊を運営する、地元の特産品をECサイトで販売するなど、アイデア次第でさまざまな収益を生み出すことができます。

地方では、補助金を活用することも有効です。特に**国が地域格差を是正するための政策に資金を投入しているため、地方には補助金を利用しやすい環境が整っています**。都市部からの移住者の雇用に関する助成金などが用意されている厚生労働省の「地域活性化雇用創造プロジェクト」や、経済産業省なども地域・企業の共生型ビジネス導入に補助金を出すなど種類も豊富で、それらを上手に活用することで、新たな事業を軌道に乗せ、利益を上げていくことが可能です。

例えば、再生可能エネルギー関連の事業はこれまでにも国や自治体からの補助金が手厚く提供されていたことから、太陽光発電などのエネルギービジネスが盛んに立ち上がりました。また、農業や観光業なども補助金の対象になりやすいです。

ここでも重要なのはやはり情報です。実際に、**地方で稼いでいる人々の多くは、こうした補助金の情報を集めてうまく利用しています**。もちろん、詐取的な補助金ビジネスに手を染めるのはご法度です。大抵がうまく稼げませんし、稼げたとしても後々摘発されるのがオチです。

■変わる地域、制度を先に押さえる

地方にチャンスがあるといっても、全国約1700自治体すべてに可能性があるわけではないのが現実です。勝ち組と負け組の格差は残念ながら広がっていくでしょう。

そうした中、熊本県は現在、半導体で大きな業績を上げているTSMC（台湾積体電路製造股份有限公司）の誘致が進み、非常に活気のあるエリアとなっています。TSMC関連でのアルバイトの時給は資材管理で約1900円、食堂補助も1300円ほどと、労働者にとってはホットスポットです。このような**地域の変化を敏感に察知し、どの地域が次に発展するのかを見極めるための情報も必要**です。

今後、再生可能エネルギー分野は補助金の支援が継続される可能性は高いでしょう。こうした**行政のトレンドを先読みし、いち早く行動する**ことが必要です。

■書類を読むスキルは、やはり不可欠

地方で成功するためにも、法的知識や契約書を読み解く力は必要です。今述べた**補**

助金についても詳細を知るために資料、書類を正しく読める必要があります。これは都会でも地方でも共通する要素ですが、特にまだ古い商習慣が残る地方では契約書の読み違いや法的知識の不足がトラブルにつながることが少なくありません。事業を運営するにあたっては、行政の制度や補助金の申請手続きについて理解を深めることが重要です。

成功する地方のビジネスパーソンや経営者を見ると、「非エリート」系で億を稼ぐ人たちを大勢見かけます。

ただし、そうした人たちの中でも、独学で経営や会計を勉強したり、小規模な会社で経営の経験を積んでいるケースがあったりします。ヤンキー風なルックスなんですが、「商業高校で会計が得意だった」という人がいたりします。つまり、学歴など関係なく、**ビジネスの基礎をしっかりと学んでおくことが、稼ぐための近道**になるということです。

そして何より重要なのは、「行動力」と「事業を起こす意欲」です。地方にはまだまだビジネスチャンスが広がっています。先を読み、自らの手で未来を切り開くことができる人にとって、地方は理想的なフィールドなのです。

助成金・補助金の例

助成金の名称	内容	金額
事業承継推進事業	北海道、苫小牧市の後継者のいない中小・小規模事業主、個人事業者の事業承継を支援	北海道苫小牧市 最大100万円
前橋市設備投資支援補助金（生産性向上設備導入枠）	直接的な生産性の向上、あるいは省エネ推進に寄与する設備導入、更新経費の一部を補助	群馬県前橋市 最大200万円
新事業展開・販路開拓等支援補助金	鳥取県琴浦町内に本社などの主たる事業所を有する会社、または個人事業主、組合の新たな取り組みを支援	鳥取県琴浦町 最大50万円

※2025年3月末時点

活気のある地方自治体の例

市名	状況
岐阜県飛騨市	伝統的な街並みや「高山祭」が有名で、特に豊かな自然環境を求めるリモートワーカーなどが移住している。木工産業や食文化も地域経済を支え、観光と暮らしの両立が進む街として注目されている
石川県金沢市	兼六園や茶屋街などの伝統的な観光地として知られている一方で、現代アートやデザインの街としての評価も高まり、若者やクリエイターの注目を集めている
愛媛県今治市	タオル産業のほか、瀬戸内海の島々を結ぶ「しまなみ海道」のサイクリング事業は国内外のサイクリストを多く惹きこんでいる。地域資源を活かしたクラフトビールや地元の海産物も人気
福岡県糸島市	海と山に囲まれた自然環境が特徴的で、市内にはカフェやアートスポットが集まっており、観光客のほか、クリエイティブな職業を持つ移住者が住まう。農産物や海産物も活況

稼ぐ人の
自己管理

「締め切り」を守れる時間のつくり方

■稼ぐ人は締切を守る

「非エリート」でも「エリート」でも稼ぐ人々の共通点として、「時間の使い方がうまい」ということが挙げられます。彼らは無駄な作業を極力避け、**自分にとって最も価値のあることに時間を費やす**ことを徹底しています。

それを可能にするのが、他人に仕事を任せるスキル。さらに自己管理能力にも長けているため、副業やワークシェアもスムーズに進めることができるのです。意思決定の早さにも通じます。

また、「遅刻率が低い」というのも特徴です。時間を大切にする姿勢は、彼らの信頼度を高め、ビジネスの成功に直結しています。

時間を重視する人は、締切を厳守することを徹底しています。タスク処理を後回しにせず、**計画的に進めることで、自信をもって仕事を進められるだけでなく周囲の人々にも信頼される**ようになります。例えば、堀江貴文さんは非常に多忙でありながら、時間管理が徹底されており、タスク処理のスピードが速いことで知られています。時間を制することが、成功への大きな一歩となるのです。

■「Ｎｏ」と言えることが締切を守る秘訣

稼ぐ人の中には「Ｎｏ」を明確に言うことができる人が多いことも、彼らが締め切りを守れる秘訣なのかもしれません。これは**単に断るのではなく、理由を説明しながら、必要のない仕事を適切に減らす能力を持っている**ということです。

外資系企業出身者は特にこの意識が強く、無駄な仕事を排除しながら効果的に業務を進めています。日本の企業文化では、回答を引き延ばすこともありますが、合理的な判断で速やかに「NO」と言えることが、最終的には自分の時間を守ることにつながるのでしょう。

■「すぐやる」ための時間を確保する

成功者は、「すぐやる」ことの重要性を理解しています。タスクを後回しにせず、今すぐできることは即座に行動に移すわけです。

また、他人に任せるべき仕事と自分でやるべき仕事を明確に線引きし、リソースの最適配分を考えることも、効率よくタスクをこなしていくには必要です。「自分はできない」「自分がやるべきではない」という判断も早いわけです。

頭の中に未処理のタスクを抱えていると、それが負担となり思考の処理速度が落ちてしまう……。心当たりがある人も多いことでしょう。そのため、**いったん結論が出たのであれば、即行動することで処理スピードを上げる**ことができます。

■労働時間の長さではなく、効率が大事

一部の成功者には、朝早くから夜遅くまで働く、いわゆるワーカホリックのような人もいます。しかし、単に長時間働けばよいというわけではありません。

稼ぐ人は仕事を「労働」として捉えるのではなく、「好奇心の延長」として楽しんでいます。例えば、堀江さんは仕事と遊びの境界が曖昧で、自分の興味をビジネスに転換する能力に長けています。つまり、興味を持ったものを収益につなげる視点を持つことで、労働時間に関係なく結果を出すことができたのです。

そして、稼ぐ人ほど、**自分の時間の価値を強く意識しています**。タイムパフォーマンスを計算し、「この業務を自らが触れることで、ほかのことに触れるよりもプラスになるのか？」「他人に任せるほうが効率的か？」など、こうした視点を常に持つことで、無駄な時間を徹底的に排除し、高い生産性と収益を生み出しているのです。

稼ぐ人の
即レス

時間を最大限活用する即断即決の極意

■決断するためのポイントを絞る

前項で「すぐやる」ための即断即決の判断力が必要だと述べましたが、特に、外資系企業で訓練を積んだ人は、その力が顕著なイメージがあります。

プライベートの話となりますが、その即決の例を紹介しましょう。

欧州の大手企業に勤めていた夫婦を取材したときの話です。彼らは仕事の都合で日本に帰国することになり、急遽住宅を探す必要に迫られました。そこで、リセールバリューの高そうな東京港区の物件に狙いを定め、オンライン動画が一般的ではない時

代にスカイプで内覧し、即決で購入を決めたのです。驚くべきことに、彼らは一度も現地を訪れずに契約しました。

その背景には、時間の制約はもとより、日本とヨーロッパを往復する手間やコストを最小限に抑えたかったという理由があります。彼らは無駄な時間や労力を極端に嫌うため、万が一購入後に後悔したとしても、**リセールバリューが高ければ大きな損失にはならないと合理的に判断し、迷うことなく購入を決断**したのです。現在、その港区の物件は大きく値上がりしています。

この例は極端に思えるかもしれませんが、稼ぐ人々はそれほどまでに決断が早く、かつ、その決断を裏付ける理由が明解です。

■即レスで時間を最大限活用する

決断力という側面から見ると、メールの返信スピードが速いという共通点もあります。彼らは要点を明確にし、余計なやり取りを極力省略、即決するかのごとくメールを返します。またまた堀江さんの話になりますが、「1日5000通のメールを処理する」と公言し、話題になったことがあります。当時、ライブドアではチャットツールがなく、すべての業務連絡をメールで行っていました。そのため、メールの内容を即座に判断し、「Y（Yes）」か「N（No）」の一文字で返信していたようです。

現在では、LINEやSlackなどのツールが普及し、さらに簡潔なやり取りが可能になっています。もちろん内容次第ではありますが、**「OK」と「NG」の二択で判断するなど、極めてシンプルなコミュニケーションを行う**ことも可能になってきています。**素早いレスポンス＝決断は仕事の効率化だけでなく、ビジネスのスピード感を維持する**上でも重要なわけです。

だからこそ、彼らは上手に人を使い、自らは二択だけでコミュニケーションが取れる状態をつくり上げようとします。ある程度の裁量は他人に任せつつも、自らが判断をしなければならない状況の際には、相手に二択になるような、メリット・デメリットを整理した質問をするように促します。もちろん、二択になるような質問を考案できる人は限られてくるのですが、逆にいえば、それができるような人は信頼して、仕事を任せる傾向があるようです。

■知識・経験の集積が最適な即決につながる

稼ぐ人は、物事の初動を重視している人が多いです。締切を守ることは当然として、何よりも最初のアクションを素早く取ることが重要なのです。これは、過去に起こった出来事（歴史）や現在の潮流（トレンド）を理解し、未来を予測する力があるからこそ可能になります。

決断の早さは、単なるセンスではなく、知識と経験によっても培われます。優れた経営者が速やかに意思決定できるのは、何も特別な〝勘〟のようなものが備わっているからではありません。**業界のトレンドや歴史を熟知しているためです。こうした知識・経験の集積が、短時間での最適な選択につながる**のです。

また、こうした決断の早い人たちは基本的に、交渉では強気の姿勢を取ることが多いです。強気といっても相手にデメリットを与えるような威圧的な強気ではなく、自らが参画すれば成功するという自信による強気。彼らは未来の展開を予測しているため、自分たちが勝てるポイント、自分たちがやれることとやれないことの線引きを把握しているがゆえの強気です。

稼ぐ人の
新ビジネス

新しく生まれた職業も困りごとを解決する仕事

■インフルエンサーが職業となる時代

近年、インフルエンサーという存在が社会において大きな影響力を持つようになりました。かつては、個人が影響力を持つことは限られた手法でしか実現できませんでしたが、インターネットやSNSの普及により、誰もが発信者として成功するチャンスを得られる時代となっています。

特に、YouTube、Instagram、TikTok、Xなどのプラットフォームが急速に成長したことで、**個人がブランドを確立し、大手メディアとも肩を並べる影響力を持つこ**

とが可能になりました。結果、みなさんご存じのようにインフルエンサーは単なる趣味の延長ではなく、職業の一つとして確立されつつあります。

現在では、インフルエンサーが成功するための手法は多様化し、一度バズるだけでは足らず、継続的に世の耳目を集め続け、収益を生み出すしくみを構築することが求められています。

■どの時代の新ビジネスにも変化は訪れる

すべてのインフルエンサーが持続的に成功できるわけではありません。芯を通して一貫して同じスタイルでやり続けるのも手ですが、**市場は常に変化しており、その変化に適応できない人は淘汰されます。ここでも「ズラす技術」が必要**になります。

これは、過去の投資市場にも通じる話です。2000年代にデイトレーダーが流行したころ、デイトレで億万長者になった人たちを取材していましたが、短期売買で利益を上げていた彼らも、その後、リーマンショックなどの市場の変化に対応できずに半数程度が撤退を余儀なくされました。

同様に、2000年代にブームとなったFX投資も、為替変動に適応できなかった人々は破産しました。2010年代の仮想通貨ブームも死屍累々です。変化に適応し続けるのは簡単なことではありません。

■先行者にも戦略の切り替えが求められる

例えば、ある大物YouTuberは、動画の研究を怠らず、視聴者のニーズの変化を敏感に察知しながら、コンテンツを磨き続けているといいます。実際に、彼と仕事をした人によれば、彼はスマホ中毒者のように暇さえあれば自身のYouTubeの動画を見続け、ユーザーのコメントや反応を確かめ、ほかのYouTuberや動画の動向をチェックし続けていたといいます。**成功するインフルエンサーとそうでない人の違いは、戦略の「ズラし」を適切に行えるか**どうかにかかっています。

徹底的にマーケットを調査して知識を蓄え、実践を続けて経験を得ていく。市場の変化に対しても、培ってきたものをもとに素早く対応し、コンテンツの方向性を柔軟に変えられる人が生き残るのです。

■ニーズを見極める力が成功を決める

ビジネスで成功するためには、「市場が求めるもの」を正しく理解することが欠かせません。「自分が発信したいこと」に注目しがちですが、実際には**「相手が求めていること」を正確に把握する**ことが多くの稼ぐ人に見られる共通点です。

視聴者の興味関心を分析し、彼らが求めるコンテンツを提供できるインフルエンサーは人気を得て急速に成長します。YouTubeでは、視聴者の離脱率や再生回数、エンゲージメント率などのデータを分析し、改善を重ねることで、より効果的なコンテンツを生み出すことができます。

仕事とは、相手の困りごとを解決すること。インフルエンサーなど新しく生まれた仕事であっても、仕事として稼ぐなら、同様のスタンスが求められるのだと思います。

国内で最も有名なYouTuberのひとりであるヒカキンさんは、商品選びに失敗したくないという人向けの商品レビュー動画を多数展開していますし、「資産運用を学ぶ時間がない」といった困りごとを解決するため、お金の知識をわかりやすく伝える動画を提供する両学長さん（リベラルアーツ大学）も好例でしょう。

稼ぐ人の
伝え方

共感を集めるストーリーが人を動かし利益を生む

■ストーリーで共感を生む

ストーリーとは、共感を生むものです。**よいストーリーは、人の心を動かし、説得し、影響を与える力を持っています**。稼ぐ人には、自然と共感を集めるストーリーがあります。彼らの話を聞いていると、「こんな苦労があったのか」「こうして困難を乗り越えたのか」と思わず引き込まれてしまうものです。

ストーリーには普遍的な構造があります。特に強いストーリーには、「乗り越えるべき壁」が含まれており、それをどう乗り越えたかが描かれています。**ハードシング**

スを乗り越えた先に新たな価値が創造される話には深みが生まれるのです。

みなさんも実感としてあるように、ただ「この商品にはこういう機能があります」と話すのではなく、「この商品が貴社のどのように課題を解決し、どんな価値をつくるのか」という物語を語れるセールスパーソンから買ってしまうものです。

マーケターやクリエイター、企業経営者でも同じことが言えます。共感を生むストーリーがあるかどうかで、成果が大きく変わってくるのです。

クライアントワークにおいても同様で、ストーリーの構築が成功のカギを握ります。経理や人事などバックオフィス業務であっても、**「どうすれば社員が働きやすく、企業が成長するのか」という視点でストーリーを描く**。私が知るCFO（最高財務責任者）やCHRO（最高人事責任者）も、単なる数字や人の管理ではなく、会社の成長のストーリーと合わせてファイナンス戦略や人事戦略を描くことに長けています。

■ 技術者にもストーリーが不可欠

成功するプロダクトやサービスに、ミッションは欠かせません。例えば、OpenAI

の技術革新には、「人類全体に利益をもたらすこと」という強いミッションがあります。Googleが検索エンジンの覇権を握ったのも、単に便利な検索機能を提供したからではなく、「世界中の情報を整理し、誰もが利用できるようにすること」という壮大なミッションがあったからです。

ミッションとストーリーがあることで、社会は新しい技術やアイデアを受け入れやすくなります。ミッションとストーリーがなければ、多くのプロダクトやサービスは埋もれてしまうでしょう。成功する企業は例外なくそれらを持ち、顧客に対して「これがなぜ必要なのか」を語ることで共感を生んでいます。

営業やマーケティングのみならず、技術者にとってもストーリーは重要です。ある日本のトッププログラマーと政府の会議に参加した際、彼が「国が数兆円を投じるプロジェクトにワクワクするストーリーがない」と指摘したのが印象的でした。**技術的な正しさだけではなく、「その技術が人々の生活をどう変えるのか」という物語が不足しているの**と、そのプログラマーが主張したのです。

この話を聞いたとき、ストーリーの力は技術者にとっても不可欠なのだと再認識しました。国家計画から逆算するだけではなく、人々が共感できる形で物語を提示できることが、プロジェクトの意義を左右するのだと感じました。特に大企業や官公庁では、ストーリーをつくる力が弱く、技術や計画があっても人を動かせないケースが多々あるのではないでしょうか。

■人を動かすためにストーリーを用いる

ストーリーは、単に美しく語るものではなく、人を動かすための技術です。組織のマネジメントにおいては、ストーリーの効果は絶大です。企業のリーダーは、自社の社員が何に共感し、何を目指すべきかを明確にするためにストーリーをつくります。

また、ストーリーの力は人を口説く力とも言えます。「なぜあなたにこの仕事を頼みたいのか」「なぜこのタイミングで決断すべきなのか」「なぜこの方向に進むのか」。こうした語りがあるかどうかで、人の行動は変わります。単に「一緒にやりましょう」と言うのではなく、「あなたがこのプロジェクトに関わることで、こういう未来が生まれる」という相手に沿ったストーリーが伝わることで、人は動いてきました。

企業のトップにいる人ほど、ストーリーを語る力を持っています。優れたリーダーは、単に数字や論理で説明するのではなく、社員が共感しやすい形で「なぜこの方向に進むのか」を語ります。その結果、組織全体が一つの目標に向かって進むことができるのです。

■日々の仕事にもストーリーを意識した行動を

ストーリーの力を活かすためには、日々の仕事や生活の中でそれを意識することが大切です。**日頃行っている作業も、その背後には物語があります。「なぜ自分がこれをやるのか」「どのような変化を生むのか」を意識することで、すべての行動が意味を持ちます。**

『プロジェクトX』（NHK）のように、一つの仕事を成し遂げた人に話を聞くと、「この事業にはどんなストーリーがあるのか」を答えてくれます。彼らは目先の成功ではなく、大きなミッションを目指し、それに足る行動をとってきたのです。

本章のまとめ

組織を活用して自分の価値を高める

☑企業ブランドや社内ネットワークを活かして、個人での副業や事業の法人化に挑戦する

☑「次の次」を見据えた転職で、業界や職種をズラしながらスキルを増やして自分の希少価値を高める

☑不要な仕事を断り、優先度の高いことに集中する時間術と即断力で大きなチャンスを逃さない

方程式②「稼ぐ力」を段階的に強化していく

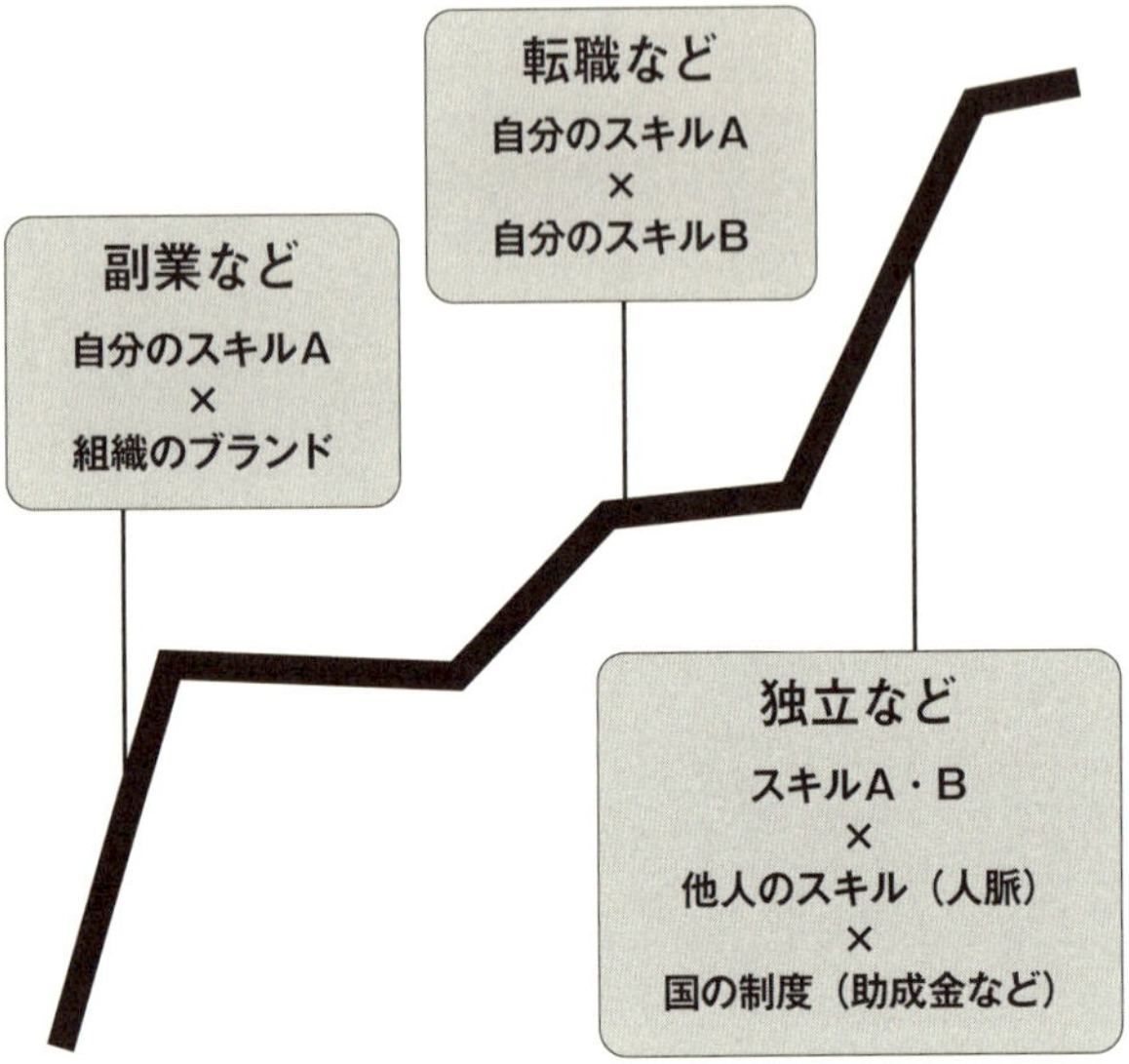

使えるものを増やし、探して
掛け合わせながら
自分ができることを拡大していく

- 組織のブランド
- 転職、部署異動
- 法人化
- 補助金、公的制度など

第3章

お金との向き合い方と資産づくり

億の資産を築くために❸

「お金教」から抜け出しお金を「手段」として上手に使いこなす

お金への価値観を改善して
豊かさを追求するための
手段として捉えなおす

稼ぐ人の
お金の哲学

稼ぐために「お金教」の正体を考えてみる

■ そもそもお金教とは何か

お金とは何か。

それを見失うと、億の資産への道を迷走してしまいます。

ここまで「お金の稼ぎ方」の話をしてきた中で、少々唐突に思う人もいるかもしれませんが、ここでいったん「お金」そのものの話をしたいと思います。

お金というものは、ただの数字ではなく、人の生き方そのものに大きな影響を与える存在です。

日本には「お金さえあれば生きていける」と考える人が一定数存在します。そうは思いたくはない人もいるとは思いますが、その一方でどこかしらお金の呪縛に囚われている。心では違うと思いつつも、どこかで「お金がなければ困る」と感じてしまう。そんな人もいると思いますし、なかにはお金が人生のすべてであり、幸福の源泉であるかのように信じ込んでいる人もいるのかもしれません。

日本は一神教的に信心深い人は多くなく、宗教がコミュニティや季節イベントと結びつき、信仰が生活の一部になっています。そのうえに資本主義が絡み合い、お金を優先して考える傾向にあります。

「お金教」とでも呼ぶべきでしょうか？　多くの日本人はお金教の無自覚な信者であるといったん定義したいと思います。

かくいう私も、そのひとりでした。

ですが、多くの「稼ぐ人」を取材する中で、単にお金を追い求めることでは、豊かさを手にすることはできないという、当たり前のことを目の当たりにしました。

確かに、お金教に従うことで一定の資産を築くことは可能かもしれません。ただ、それが人生の本質ではないということに気づくことが大切であり、むしろ、その**「本**

質」を知っている人のほうが億を稼ぐ人になっています。彼らを通じて、お金そのものではなく、**お金を「どのように使うか」が本当のカギ**なのではないかと感じるのです。お金は貯めるのではなく、上手に使う人が稼ぐ人と言えます。

■自分の人生をコントロールできなくなる

このお金教が広がった背景には、宗教観だけでなく、日本の雇用制度が関係しているように感じています。なかでも、長く勤め上げれば報われるという幻想を生み出した終身雇用制度。そのメリットを享受できたのは団塊世代をはじめ限られた人たちです。2024年に賃上げ率が32年ぶりの高水準を示しましたが（大企業5・58％、中小企業3・92％）、一方で労働者の4割弱が非正規雇用でその総数は横ばいを続けており、少なくない人たちが低賃金のままキャリアを終えることになるでしょう。

また、**会社員と公務員における日本の税制（と社会保障制度）も、お金に対する意識を鈍らせる**要因の一つでしょう。年収2000万円以下の会社員は確定申告をする必要がなく、税金のしくみを深く理解する機会がありません。しかも税金は天引きされているため支払った感覚が少ない。すると、多くの人は「税金のことは会社に任せておけばいい」という考えに陥ります。

よく言えば**「お金について余計なことを考えなくて済む」とも言えますが、実際には「お金について余計なことを考えなくさせている」**という環境です。楽ではありますが、自分のお金、ひいては人生をコントロールする力を失っていっているのではないでしょうか。そして、国は効率よく税金と社会保障費を徴収しやすい、会社員から積極的に徴税しています。

■「お金は大切だ」の刷り込みでお金教に染まる

そもそも、どのような人がお金教に染まりやすいのでしょうか。

私の個人的な感覚ではありますが、そこには成育環境が影響しているのではないかと感じています。例えば、村上ファンドの村上世彰さんは、小学生のときに親から「大学卒業までの小遣い」として100万円を渡され、自分で株式を買う経験をしました。そのとき「その額では大学卒業まで足りない」と思ったそうで、その後、彼は

「お金を使ってお金を増やす」という思考にシフトしました。村上さんは極端なケースではありますが、こうした教育を受けた人は、**お金を単なるツールと考え、合理的な投資を行う思考を持つ**ようになります。

一方、多くの家庭では「お金は大切だから、しっかり働きなさい」と教えられます。安定した職に就くことが優先され、しっかり貯めなさい。しっかり貯めな**お金を増やす方法よりも、お金を失わないようにする傾向が強まります**。その結果、多くの人はお金教の価値観に染まり、会社に依存する生き方を選び、そのサークルの中に入っていきます。

こうしたお金教の考え方に縛られていると、人生の選択肢が狭まります。そうならないためには、お金教から抜け出す必要があります。

その方法の一つが、お金に対する考え方を変えること。まずは、ただ貯めるのではなく、お金を増やす方法を学び、実践することです。

ここで重要なのは、**お金そのものに執着するのではなく、お金を活用する視点を持つ**ことです。例えば、投資マインドを持つことで、単に労働収入に頼るのではなく、資産を増やす選択肢を考える。これまでに取材してきた稼ぐ人々も、投資や事業をすることでお金を使って、お金を増やすという意識を持っています。

稼ぐ人の

資産運用

「お金を守る」から「お金を使う」へ

■染みついたデフレの感覚

バブル崩壊後から長く続いたデフレの影響で、日本では「キャッシュ（現金）を持つことが最も安全」という価値観が根強く残っています。日本の個人預金総額は2024年末で1100〜1200兆円。個人金融資産全体のおよそ5割以上を占めています。

物価が下がれば現金の価値が相対的に高まるので、リスクを取って資産運用をする必要がなくなります。そのため、**投資より預金を優先する傾向が強まります。この感**

覚は、失われた30年の間で日本人の経済観に染みつきました。2024年は3％ほど物価が大きく上昇しましたが、その状況を「値上げに苦しむ庶民」といった見方で扱うメディアも多く、多くの日本人のデフレマインドは未だ継続したままです。今後、年金生活者の比率が増えるほど、この価値観がさらに広まるかもしれません。

それだけでなく、**日本人にはもともと不安を感じやすい国民性が備わっている**とも言われています。世界的に見ても、日本人には、不安を感じやすい傾向と関連するとされるセロトニントランスポーター遺伝子（5-HTT）のS型という遺伝子を持つ割合が高いことが、一部の研究で示唆されています。

バブル後の政治・社会環境の変化と遺伝的な不安の心性。これを表すかのように、日本では2人以上世帯で約9割が生命保険に加入しており、できるだけリスクを回避しようとする姿勢が根づいていると言われています。

リスクを取るよりも安定を求める意識の土壌の形成には、これらの要因が複合的に作用しているのかもしれません。

その結果、資産を増やすのではなく、資産を守ることが最優先になり、新しい挑戦が生まれにくい土壌ができあがっています。

■バブル崩壊と家族の運命

バブル崩壊によるデフレマインドの形成は、個人の人生にも大きな影響を及ぼしました。バブルが弾けた後、事業が立ち行かず、銀行の猛烈な貸し渋りや貸し剥がしによって、かつての私のように住む家を失った人もいます。生活は一変し、一歩間違えれば道を踏み外してしまうようなギリギリの状況だったと思います。株式市場では、株価の下落で時価総額270兆円が〝消えた〟わけですから、まさにバブル期に築いたものが一瞬で消え去る現実を目のあたりにしました。

こうした状況が「お金のリアル」を日本社会に教えたわけです。

■アメリカとのお金の価値観の違い

そんな日本の現実とは異なり、アメリカはインフレが経済の健全な成長だとする社会です。**お金の価値が時間とともに下がることが前提なので、資産を運用して増やすことが重要視**されます。終身雇用制度や国民皆保険制度がなく、公的年金制度も日本より充実していないため、個人が自らの資産をつくっていかなければならない環境でもあります。要するに、お金に関する知識は必要不可欠なのです。そのため、アメリカでは資産運用が当たり前の文化として根づいています。企業の財務諸表を見ながら、いかに資産を増やすかを考えることが基本です。もちろん、こういった資本主義のシステムにも欠点はあり、富裕層と貧困層の格差が広がるという問題は、アメリカの現代社会の大きなテーマの一つとなっている現状はあるわけですが……。

また日本では、地元の農地や商店など不動産を所有していた人々が、時代の流れとともに資産価値が上がり、結果的に富裕層になっていくケースがあります。**リスクを取らずとも、資産を維持するだけで裕福になれる人がいる一方で、新しい挑戦がしづらい社会構造ができあがっている**。それが日本の現状と言えるのではないでしょうか。

■お金との向き合い方をアップデートする時期

近年では投資に対する意識が変わりつつあります。例えば、NISA（少額投資非課税制度）が改良されて大きな話題になり、投資の門戸が広がったことで、資産運用を始める人が増えてきました。現在ではおよそ4人にひとりがNISA口座を開設しています。ただ、こうした**投資ブームにただ乗ることが必ずしも成功につながるわけではありません**。

過去にはバブル崩壊に学ばず、ライブドアショックやリーマンショックなどで、投資に対するリスクヘッジを間違った人がハイレバレッジ取引などに手を出し、大きな損失を出したケースもありました。それらの学びを経て、今の投資ブームは長期分散投資やインデックス投資が主流で、リスクを軽減する傾向にあります。それでも楽観視するのは危険でしょう。資産を増やすためには、投資と投機を勘違いしてはいけません。**NISAなどの制度を上手に利用しながらも、単なるブームには巻き込まれずに、地に足のついた運用が重要**です。

日本経済は、2024年にマイナス金利政策が解除され、実に17年ぶりに金利が上昇。インフレの兆しも見え始め、新しい経済観を持つべき時代となりました。トランプ政権は世界にサプライズを起こすかもしれません。**過去の教訓を活かしながら、「お金との向き合い方」をアップデートしていく必要がある**のです。

稼ぐ人の
リスク

脱・お金教への道 お金は道具にすぎない

■お金教は自分の意思決定を鈍らせる

これまでに私が出会ってきたお金教に染まらず自分の人生を豊かにしている人は、お金に対する意識が違っていました。彼らは、**お金を「人生の目的」ではなく、あくまで「手段」として捉えている**のです。

「お金は何にでも交換できる便利なツール」とは、ひろゆき（西村博之）さんの言葉ですが、お金を増やすことそのものがゴールではなく、お金をどのように使うか。

お金を増やすためにお金に執着しないというのは、一見すると相反するもののよう

に思えます。

しかし、**「どうすれば自分の人生をより豊かにできるのか」を大事なことであると考えれば、お金はそのための道具であると、割り切ることができる**のではないでしょうか。

資本主義社会では、お金を持っておく、つまりお金教の信者になることで得られる安心感があるのもまた事実ですが、お金教には最大の問題があります。それは、先ほども触れたように、自分の意思決定を他人や制度に委ねてしまうことです。社会通念の中で空気を読みながら、会社や国の制度に依存し、与えられたルールに従っているだけでは、人生を自分の手でコントロールすることが難しくなります。**お金教に全幅の信頼を置き続けると、インフレや産業構造の変化など、時代の変化に対応しきれません。**

安定志向が進み、リスクを恐れるようになると、資産拡大のチャンスを逃してしまうばかりか、損をしてしまうことも考えられるのです。

■お金教から抜け出すための第一歩

お金教から抜け出すためには、「お金を使う」を意識的に取り入れる必要があります。具体的には、投資や事業といった選択肢が考えられます。しかし、これらの行動にはリスクが伴うため、なかなか一歩を踏み出しづらいものです。そこで、こう考えてみてはどうでしょうか。

「お金を社会に出して働かせてみる。その結果、お金は増えて帰ってくるものである」と。

資産を持ちつつもリスクヘッジをしている人々は、危機の中でも冷静に行動し、そのときは目減りしても、戦略変更し、資産を守りつつ増やしていました。

東日本大震災で原子力依存からの脱却が急務となり、太陽光発電への優遇措置として補助金や固定価格買取制度（ＦＩＴ）が導入された際にすぐに動いた人は買取価格も高く得をしました。

また、海外WiFiルーターレンタルの「イモトのWiFi」がコロナ禍で売上高98％減の逆境に立たされたとき、ＰＣＲ検査サービスに参入し、社会貢献することでＶ時回復を成し遂げたエクスコムグローバルの西村誠司さんも凄みがありました。

また、お金教から抜け出すためには、思考の転換も必要です。**「お金を得るためには時間を売らなければならない」という固定観念は一度捨てましょう**。収入を得る手段は、必ずしも労働だけとは限りません。投資などでお金に働いてもらうしくみをつくること。それに気づくことが大切です。

■お金教から抜け出した人の生き方

私が取材してきたミリオネアたちは、多くがお金教から抜け出した人々です。彼らの生き方は、大きく二つに分けられます。一つは、**お金を単なる手段と考え、それを最大限に活用する**タイプ。もう一つは、**お金に依存せず、地域コミュニティや自給自足といったライフスタイルを選ぶ**タイプです。

前者のタイプは本書でもここまで紹介しているようなビジネスで成功を収めた人に多く、「お金教ではないが、お金を持っていたほうがいい」と考え、積極的に投資や事業を行います。これは、まさしく堀江さんのような人物が当てはまると思います。

一方で、自給自足生活者や宗教家のように、お金そのものを重要視せず、精神的な充実を重視する生き方もあります。100%とは言えませんが、どちらかと言えば、こちらのタイプに当てはまるのが、ひろゆきさんです。

二人は日本のIT革命が生んだ時代の寵児であることは間違いないのですが、似て非なるタイプと言えるのではないでしょうか。

どちらの道を選ぶにせよ、「お金がなければ生きられない」という考え方から脱却することが重要なのです。お金教の信者である限り、お金の有無に人生が左右されてしまいます。

稼ぐ人の
資産形成

「働く」×「投資」で資産をつくり上げる

■働くだけで資産を築くのは可能か

資産を築く方法の基本は「本業で働く」ことですが、現実的に考えると、労働収入だけで大きな資産を貯めるのは困難なことも多いです。

例えば、起業して事業を大きくしていけば、その結果として資産を築くことが可能です。また、上場企業に入社し順調に昇進を続ければ、達成できるパターンもあります。大企業の役員クラスであれば、役員報酬と退職金で億単位の資産を築くこともあります。とはいえ、これはまれなケースです。多くの人にとって、「働く」だけで資

産を築くことは、時間と労力を考えたときに非常に厳しい道のりでしょう。

■投資の重要性

そうした状況を踏まえて資産形成を考えたとき、現実的な資産形成のための手法として、投資を組み合わせることが有効な選択肢になります。

フランスの経済学者であるトマ・ピケティは経済的不平等と富の集中に関する研究で知られ、世界的ベストセラー『21世紀の資本』では「r>gの法則」を唱えました。「r」は資本収益率（資本から得られるリターンの割合。投資や資産の利益率）で、「g」は経済成長率なのですが、歴史的に見るとずっと「r>g」が続いており、1980年代以降はその傾向が顕著で、現代でもrが4～5％、gが1～3％程度で推移していることを証明しています。そこで、ピケティは富裕層への累進課税やグローバルな資産税を提案し、富の再分配を主張するのですが、裏を返せば資本収益サイドに立たなければ富は増えていかないのです。つまり、**労働所得中心の生活では資産の成長に追いつけない**のです。

資産を成長させるには、労働だけに限定せず、ほかの収入源を考える必要があります。こう考えるとき、多くの人が投資という言葉を思い浮かべると思います。例えば、株式投資などは投資の代表格といえるでしょう。ほかにも債券や投資信託、FXなど金融商品による投資はいくつもあります。

給与所得は年間1800万円を超える部分は税率が40%。しかし、株式投資などによるキャピタルゲインや配当金で得た利益に対しては約20%。**多くの資本家や起業家がこの構造を熟知し、オーナー経営者であれば自分の給与をあまり上げずに、株式配当金を上げるなど、さらなる資産を築くスキームをつくっています**。

ほかにも不動産や貴金属、アートなどを購入し、その後の希少価値向上にともなって売却する方法もあります。これは「現物投資」という手法で、目に見える形で価値があるというメリットがあります。不動産のように、安定した収益が見込める投資は、資産を大きくする上で重要な要素になります。

後述しますが、企業を購入する「事業投資」という投資手法もあります。

■働きながら投資をするメリット

資産形成において、最も一般的で現実的な方法は「働く×投資」のスタイルです。多くのビジネスパーソンが、労働収入をベースにしながら投資を行い、資産を増やしています。

このスタイルには二つのタイプがあります。一つは、本業を重視しながら副業的に投資を行うタイプです。例えば、会社員としての収入を確保しつつ、投資を通じて資産を増やす方法です。**本業で得られる情報や人脈を活かしながら、投資をすることで相乗効果を生む**ケースもあります。

もう一つのタイプは、最終的に投資だけで生計を立てることを目指すタイプです。いわゆるＦＩＲＥ（Financial Independence, Retire Early）を目指す人々がこれに該当します。このタイプの人は、現在の仕事を資産形成の手段と考え、投資によって得た収益で最終的に働かなくてもよい状態を目指しています。

ただし、近年、ＦＩＲＥを目指す人は多いですが、実際に成功する人は限られているのが現状です。投資を行うにせよ、本業を持つにせよ、何かしらの好奇心や社会への影響力を求める人が結果を出しています。

私が複数年にわたって取材してきたYさんは、ゼネコン勤務の傍ら、世界的ベストセラー『金持ち父さん 貧乏父さん』に倣い、マンション一棟買い投資に挑戦。ゼネコン勤務の与信を使い最大限の借り入れを繰り返し、首都圏に数十億円の不動産を持ち、FIREしました。それでも生活を豊かにするべく、単なる家賃収入を得るだけでなく、音楽が趣味だったYさんは、音楽スタジオを購入し、ミュージシャン向けのレンタルスペースを提供するなど、価値を生み出すことで充実したライフスタイルを実現しています。ただ不労所得を得るだけではなく、**自身の興味や専門知識を活かした投資を行うことで、社会に還元し、自身の生活も豊かになる理想の形**です。

■借金を活用するか否か

資産形成において、借金をするべきかどうかは意見が分かれるポイントです。当然、借金をしなければリスクは少なくなります。「借金をしている」という状態に対する心理的負担もありません。ただし、大きな資産を築くスピードは遅くなります。

逆に、**借金をすればレバレッジをかけられるので資産運用のスピードを加速させることが可能**です。

不動産投資ではローンを活用することで、自己資金だけでは購入できない規模の物件を手に入れることができます。

もちろん、借金にはリスクが伴うので、リスク管理をしながら、適切なタイミングで借金を活用することで、資産形成のスピードを加速させることができるのです。

■株式投資とゲームの共通点

株式投資で成功する人には、戦略的な思考が求められます。特にデイトレーダーのような短期売買を行う人は、市場の動きを素早く判断し、適切なタイミングで売買を行う能力に長けています。

例えば、株式投資で100億円以上を稼いだテスタさんですが、彼はもともとパチスロで生計を立てる「パチプロ」でした。

当然ながらパチンコ・スロットは負け越すことが多いゲームです。それでも、負け続ける人たちにはある共通点があります。それは「ギャンブル中毒」のようなもので、負け越す人はゲームにのめり込むため、勝敗で感情が大きくゆらいでしまうといわれています。

その点、テスタさんは実に冷静で、確率論にもとづいた戦略を持っていました。冷静でフラットな視点を持ち、ゲーム感覚だから負けてもそれほど落ち込まない。

デイトレードでも同じような姿勢で臨み、資産を築きました。

実際、テスタさんは「株とパチスロの期待値の考え方は同じ」と言っています。もちろん、パチスロの相手は機械、株の相手は市場ですから、そこに差異はあるわけですが、それでも根本の部分は同じであると言います。

冷静に期待値を積み上げていくことを繰り返すことで勝ち続けるという手法を株式投資に転用したのがテスタさんの投資術でもあるわけです。感情に流されず、冷静に判断できる人が成功する好例と言えるでしょう。

稼ぐ人の
投資術①

知識ベース投資で「早く」「正しく」動く

■自分の専門分野の情報を活用する

株式投資で成功している人々には、いくつかの共通点があります。その中でも特に重要なのは、「情報収集を徹底している」という点です。ただ、単にニュースを追いかけたり、証券アナリストのレポートを読むだけでは、ほかの投資家との差をつけることはできません。多くの成功者は、自分が詳しいセクターなどで得られる専門分野の情報を駆使した「知識ベース投資」をしています。ウォーレン・バフェットもこのやり方を強調しています。

これは、自分の職業や業界知識を活かして、一般にはまだ広まっていないが、十分に根拠のある有益な情報を見極めることを指します。それを活かせるかどうかで、資産形成の道が大きく変わることもあります。もちろん、インサイダー取引は違法ですので、絶対にやってはいけません。

■バッターボックスに立つ回数を増やす

投資でもビジネスでも、「成功する人」と「成功しない人」の違いは、チャンスが来たときに行動できるかどうかです。**稼ぐ人の特徴として、「バッターボックスに立つ回数が多い」という点が挙げられます。つまり、積極的に行動し、リスクを恐れずに挑戦し続けることで、結果的に成功の確率が上がる**のです。

また、成功する人は「ピボット（方向転換）」が早いのも特徴です。一度の挑戦が失敗しても、それに固執せず、その界隈にある次の選択肢に切り替える。これは投資でも同じで、「損切り」や「利益確定」のタイミングを見誤らないために重要な要素です。

■行動することで道が開ける

投資の世界では、「どこに投資するか」という視点も大切ですが、それ以上に「どのように行動するか」が重要です。**情報を得るだけでなく、それを活かして決断すること。新しいことを試し、ときには失敗を恐れずに挑戦すること。**これらの積み重ねが、資産形成の大きな違いを生むのです。

また、自分の職業や業界で得られる情報を冷静に分析し、活用できるかどうかもポイントになります。必ずしも投資のプロである必要はなく、日々の仕事の中で気づいたことを武器にするだけでも、十分にチャンスは広がるのです。

成功する人は「待つ人」ではなく「動く人」なのだと思います。彼らはリスクを取ることを恐れず、ときには大胆に行動します。私たちも、そうした姿勢を持ち続けることで、新たなチャンスをつかむことができているのだと感じるのです。

稼ぐ人の
投資術②

株式投資は自分に近い領域から広げていく

■興味のある分野から投資のチャンスを見つける

「知識ベース投資」でも触れましたが、株式投資を始めるなら、銘柄選びの際は**自分の仕事や趣味に近い領域に目を向けてみてください**。興味のある分野に関しては自然と情報を集め、深く理解できるからです。これは、投資をする上で大きなアドバンテージとなります。

例えば、テクノロジーに関心がある人がＮＶＩＤＩＡの株で成功した例があります。その投資家は、もともとＩＴ関連のニュースを追う習慣があり、半導体業界の動向に

も詳しかったのです。NVIDIAがどの企業と提携し、どのような技術が市場で注目されているのかをいち早く察知し、投資判断を下すことができました。結果として、市場の動きを先取りする形で大きなリターンを得ることになったのです。

自分が関心を持っている分野を突き詰めることで、自然と業界の流れを読む力が養われます。専門分野から得た知識が、実際の投資判断に活かされた例です。

■趣味が投資の武器になる

投資は専門的な知識が必要だと思われがちですが、実は趣味の延長でも十分な情報を得ることができます。例えば、ゲームが好きな人がGPUについて詳しくなり、その流れで半導体業界全体の動向に気づくことがあります。あるいは、VTuberを応援しているうちに、その運営会社の成長性に気づくこともあるのです。

私の知り合いにも、VTuberにハマったことをきっかけに投資を始めた人がいます。彼は、推しのVTuberを熱心に応援していました。その結果、VTuber業界の動向に詳しくなり、そのVTuberの所属する会社の成長性を確信したそうです。

彼にとっては、これは「投資」というよりも「推し活」の一環でした。しかし、結果的にその会社の株価が急上昇し、思いがけず大きな利益を手にすることになったのです。

このような例は珍しいことではありません。Windows95の開発に関わった伝説的エンジニアの中島聡さんは、テクノロジーオタクとも呼べるほどの人物ですが、中島さんは何年も前からＮＶＩＤＩＡやテスラの技術力に惚れ込み、推し活感覚で株式投資を実施。結果として大きな資産を築き上げています。**好きなものに没頭し、自然とその業界の情報を得られるので、投資でも、自然とチャンスを見つけることができる**のです。

■自分の強みを活かして稼ぐ

投資の世界では、自分の得意な分野をさらに伸ばし、それを仕事や資産形成に結びつけることが重要です。知り合いの編集者の話が、そのよい例でしょう。

彼女は、もともと出版社で働いていましたが、投資に興味を持ち、独学で勉強を始めました。そして、知識を深めるうちに、投資関連の書籍を専門的に手掛けるようになったのです。社内でも「投資に詳しい編集者」としてのポジションを確立し、結果的に投資と仕事の両方で成功を収めることができました。

このように、自分が得意なことをさらに深め、仕事と結びつけることで、専門性を高めることができます。その結果、情報や人脈が集まり、自然と経済的な成功へとつながっていくのです。

■成功するためには「ギブ」が大事

投資で成功するためにも、稼ぐ人たちとつながることは非常に重要です。そうした**投資の先人たちの考えや助言を享受できれば、大きなアドバンテージになる**からです。

しかし、稼いでいる投資家のノウハウも、かつては損も経験しながら、身銭を切って学んできたことです。ネット株で10億円超えを達成した大学生トレーダーの三村雄太くんも、資金１００万円からスタートして、30万円まで減らしてしまい、１００万円に戻すまでが一番大変だったと言っています。

とはいえ単に**「投資のことを教えてください」と頼んでも、有益な情報を得ることはできません。そこで大切なのが、ギブアンドテイクの精神**です。

お金持ちの人が情報を共有するのは、自分にもメリットがあると感じたときです。つまり、**こちらから何かを「ギブ」することで、はじめて情報が回ってくる**のです。

そうした人に対して「自分には何も提供できるものなどないのではないか」と思うかもしれませんが、そんなことはありません。相手にとって有益な情報を提供する、手伝えることを見つける、愛嬌を持って接する、どんな形でも「この人と話す価値がある」と思われれば、それは何かをギブできていると言えます。

先ほどの女性編集者の話も、この原則が当てはまります。彼女は単に投資に詳しいだけではなく、編集者としてマメに連絡をとるなどして、投資家や著者との関係を深めました。結果的に、さらに多くの情報とネットワークを手に入れることができたのです。

稼ぐ人の

投資術③

投資をギャンブルにしない的確なリスクテイク

■株式投資はブースト装置

株式投資にはさまざまなスタイルがありますが、大きく分けると二つのタイプが存在します。一つは、株にフルコミットして、いわゆる「億り人」を目指すタイプ。もう一つは、**株を「ブースト装置」として活用し、長期的な資産形成の一部として利用する**タイプです。多くの人にとって現実的なのは、後者のさらに資産をつくるための「本業のブースト装置」としての活用方法でしょう。

この場合、NISAの長期分散投資や、中長期の知識ベース投資を駆使し、リスクを抑えながら資産を増やしていくのが王道でしょう。**長期的な視点を持ちつつ、相場の波に一喜一憂せず、時間を味方につける。こうすることで、投資に過度な時間を割くことなく、本業やほかの活動にもエネルギーを注ぐ**ことができます。

■株だけではなく社債にも目を向ける

私がよく感じるのは、富裕層ほど安定した利回りを得られる「社債」をうまく活用しているということです。

国債よりも少しリスクはあるものの、企業の財務状況をしっかり見極めれば、十分に魅力的な選択肢になりえます。

例えば、楽天の社債は10％近い利回りになっており、大きな話題になりました。これだけ聞くと「そんなに利回りが高いの？　大丈夫なの？」と驚くかもしれませんが、楽天が破綻する可能性を考えると、意外と合理的な選択肢とも言えます。

今、楽天はモバイル事業の影響でかなりの支出があり、それを社債でカバーしている状況ですが、モバイル事業以外の金融事業などの業績は好調です。このような状況から、楽天グループをコングロマリットディスカウントの状態になっていると見ている投資家は多いです。仮に楽天が破綻したとしても楽天グループの各事業の実績であれば、それぞれの事業を欲しいと思っている企業は山ほどあるでしょう。つまり、楽天は何かしらの形で生き残る、という考え方です。そういう意味では、楽天の株が、今後紙くずになる可能性も低いのではないかと言えます。

ほかにも、円をドルに換え、ドルでアップルやマイクロソフトなどの社債を購入する外貨建て社債を買うという人もいます。

こうした投資スタイルは、億単位の資産を持つようになった人が次のステップとして選ぶことが多いですが、個人投資家でも視野に入れておくと株式投資にも活かせる投資術だと感じています。

■リスクテイクとギャンブルは違う

投資やビジネスの世界では、一見ギャンブルのように見える大胆な決断をする人がいます。しかし、成功する人たちの思考は、単なる運任せではなく、しっかりとしたリスクテイクの戦略にもとづいています。

実際、楽天が社債を発行した際は「大勝負だ」などという声が上がったわけですが、その背景には、モバイル事業の成長に対する勝算があったはずです。代表の三木谷浩史さんにとっては博打ではなく、戦略的な一手だったわけです。

日本では、「セオリーどおりにやるのが正しい」という考えが根強く、そこから外れた行動を取ると「ギャンブルだ」と言われがちです。しかし、実際の成功者たちは、リスクマネジメントを徹底的に計算しています。彼ら自身のセオリーに則っていて、勝算を持った上で動いているのです。

同じように、孫さんがボーダフォンを買収し、ソフトバンクモバイルで携帯事業に参入したときも、「無謀だ」と言う人が大勢いました。しかし、孫さんの中では勝算があり、そのリスクテイクが10兆円企業・ソフトバンクという成果につながりました。

セオリーの中にあるほかの人には見えない部分を見抜き、そこを突ける行動力があるというだけで、セオリーそのものから逸脱しているわけではないのです。重要なのは、「常識のズレを見抜き、そこにリスクを取って動けるかどうか」なのです。

■投資でロマンティストになるな

投資において感情に流されることは、大きな失敗を招く原因になります。特に「ロマン」に引っ張られると、冷静な判断を欠いてしまうことが多いです。

例えば、日本有数の投資ライターAさんは、多くのトレーダーと交流し、投資の知識もずば抜けて豊富。取材先からよい情報も仕入れています。しかし、なかなか結果を出せていません。その理由は、「投資に対するロマン」が強すぎるからです。

Aさんは株式、FX、仮想通貨と次々に手を出し、「この銘柄が勝つべきだ」「この新しいジャンルが面白い」「この経営者がすごい」といった感情的な視点で投資判断をしてしまう傾向があるのです。結果として、特定の分野に集中できず、勝ち続けることができませんでした。

また、某メーカーに勤務する個人投資家の投資スタイルは偏見が強すぎました。銀行の重役だった父親に反発し、銀行業界を嫌った彼は、「銀行の株は下がるべきだから、空売りする！」という感情的な判断をしたものの、当然市場はそう単純には動きませんでした。結果、その投資行動は失敗に終わってしまったのです。

投資は「推し活」の原理が働く場ではありますが、自分が推しのアイドルが成功するとは限りません。好きだからこそ応援できるのはわかりますし、それでもよいと思いますが、それはあくまでロマンであって成功を求めてはいけないのかもしれません。

クックパッドの経営権が穐田《あきた》誉輝さんから創業者の佐野陽光《あきみつ》さんに戻ったとき、「創業者が経営するほうがいいはずだ」と考えて株を大量購入した取材先の創業社長がいましたが、その後に株価は大きく下落しました。彼の経営スタイルはとても合理的なのですが、投資となるとロマンが入り「創業者が経営するのが正しい」という思いに引っ張られ、合理的に分析できなかったようです。

投資では、「この会社には夢がある」「この分野は好きだから」といった感情論だけでプラスを得ることはできません。

とはいえ、ときにはそんなリスクも折り込んで、投資を楽しむ余裕が大きなリターンを産むのも、また投資の世界です。

稼ぐ人の
事業承継

「会社を買う」という投資の仕方もある

■会社を買うのは起業より手っ取り早いのか

億を稼ぐ手段として、株式投資や不動産投資に加え、事業投資が選択肢に入る時代になってきました。**事業投資の中でも、最近はM&Aや事業承継が注目されています**。

中小企業庁によると2025年には245万人の経営者が70歳を超え、そのうち127万社が後継者未定といわれています。

つまり、そうした会社を買うわけです。ただし、「事業承継は起業より簡単」と考えて買うのはおすすめできません。事業承継を行った経験のある人に話を聞くと、確

かにゼロからのスタートではない分、事業の基盤はすでにあるわけですが、それを維持・成長させるためには、創業者と同等の努力と知識が必要になります。

ＰＭＩ（ポスト・マージャー・インテグレーション）、つまり買収後の統合プロセスが重要です。これは、単に**経営権を引き継ぐだけではなく、既存の従業員や取引先との関係をスムーズに統合し、新たな成長戦略を打ち出す**ことを意味します。

■事業承継でも常にＰＤＣＡサイクルを回し続ける

事業を承継する上で、大事なのが事業への理解です。コンビニ経営の事業承継を一つ例に挙げます。コンビニ経営の事業承継で成功したあるオーナーは、アルバイトを楽しく働かせるしくみをつくり、棚の陳列などのマーケティング手法を統一し、店舗での売上を伸ばしました。そして、そこで得られた成功事例としてのマニュアルをもとに、複数の店舗で同様に経営を行い、効率的に経営を拡大しています。これは、**ＰＤＣＡサイクル（計画・実行・評価・改善）を回しながら、何が最適な方法かを試行錯誤し、再現性のある成功パターンをつくっている**からでしょう。ここまでくると立

事業承継で会社を買う

会社を買うには

M＆A専門のマッチングサービスサイトや中小企業庁による「後継者人材バンク」で、事業の売り手を探せる。売買契約の申し入れ、調査・交渉を経て、両者が合意すれば、代金を支払って契約が締結、会社を買うことができる

会社を買うと……

・既存のビジネスモデルを活用できる
・買収する企業の市場へ参入できる

派な経営者です。

彼のような「頭のいい人」は、常に何かを考え続けているのです。

どうすれば効率化できるのか、それによってどうシステムを構築すればよいのか。自店以外のコンビニに行ったときでも、最近の売れ行きを考えたり、店舗の商品配置を見て、自分がよいと感じたマーケティングのアイデアは盗んできたりしているのです。

ただ漠然と、無為に時間を過ごすのではなく、常に思考のサイクルを続けているのです。

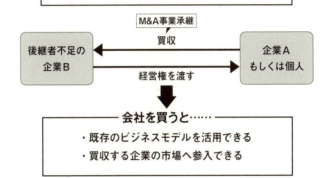

■型化としくみづくりが成功のカギ

これはコンビニだけでなく、ほかの業界でも同様です。

事業承継の話とは離れますが、ゲーム業界では、**成功の要因を言語化し、しくみとして運用することで、継続的にヒット作を生み出す**企業もあります。

成功する事業の本質は、「まだ言語化されていない市場の課題を見つけ、それを解決すること」にあります。「もやもやするけど、なんとなくつまらない」では解決しようがありません。課題を「○○だから△△となる。だからつまらない」と具体的にし、○○や△△を言語化し、解決していくのです。

Cygamesは、ゲーム業界において人気ゲームをつくる人が第一線にずっと残っていて、新しいゲーム開発者が出てきていないことに疑問を持ち、その理由として、きちんとした継承ができていないという構造的な問題にたどり着きました。そして「ゲーム開発を個人のカリスマではなく、組織的にシステム化する」という戦略を採ったのです。その結果、ヒット作を継続的に生み出す体制が構築されてきました。課題を一つずつ分析したことでの粘り勝ちです。

稼ぐ人の
成功確率

「未来はわからない」を前提に未来の行動を決める

■外れるものを除いて成功確率を上げる

「何が当たるのか」

これを知ることができれば、誰でも簡単に資産を築けます。

とはいえ、そんなもの誰にもわからないのは当たり前の話。投資の世界でも、事業の世界でも、どれだけ経験を積んだ成功者であっても、未来を完全に予測することはできません。

その点で、12回の転職を経験した経済評論家の故・山崎元さんは「何でもやれ」とよく言っていました。**リスクを取って挑戦しながら、しっかりと安全策も考える。**この考え方は、事業を成功させる上でも非常に重要です。

サントリーでは創業者の故・鳥井信治郎さんがよく口にしていたという「やってみなはれ」という言葉が受け継がれています。今でもその考えが実践されているそうで、社内で新しい事業を立ち上げる社員が多くいました。結果、成功する事業もありましたし、当然失敗に終わったものもあるかと思います。

やる前から「これは絶対成功する」と100％確信できるものはないと言ってよいでしょう。だからこそ、「何でもやる」。多くの試行錯誤を繰り返し、たくさんの失敗を経験しながら、結果的に成功をつかむのです。

一方で、「何が当たるか」はわからなくても、経験則の中から「これは失敗する」というのはなんとなくわかってくると言われています。

なかでも、DMMグループの最高経営責任者である亀山敬司さんが「当たるものはわからないけど、外れるものはわかる」と言っていたのが印象的でした。多様な事業を展開する同社ですが、投資や事業において、**明らかにダメなものは最初から排除する戦略を取っていました。ダメなものを外しておけば当たる確率は上がります。**

■勝てるロジックが組めればギャンブルではない

稼いでいる人は、周りから見ればセオリーから外れたギャンブルのように見える決断をすることがあります。しかし、それは単なる博打ではありません。

第1章の「ズラす技術」でも紹介したライターは、有罪判決を受け不人気だった堀江さんのメルマガ執筆を引き受けました。当時、メルマガは下火と言われ、原稿料も不透明。普通に考えれば引き受けるにはリスクがあります。

しかし、彼は**堀江さんという人物の希少性に着目、一定数のファンがいることは間違いないと考え、その依頼を引き受けました**。数十万人とはいかずとも、それでも数万人の会員を獲得。さらに、刑務所から発信するという特殊な状況を活用することでレバレッジを利かせ、有料メルマガブームを牽引。ニコニコのブロマガシステムを考案するなどして、さらなる人脈を広げました。これは、事前にそのポテンシャルを見抜いて取り組んだ結果です。

■経験に学ぶことでリスクを減らす

投資や事業の世界では、成功と失敗を分ける大きな要因の一つが「経験に学ぶこと」です。これは単に過去の出来事を知識として蓄えるという意味ではなく、そこから**パターンや法則を見出し、実践に活かす**ことを指します。

飲食チェーン店舗開発のスペシャリストを取材したときにも、同じような話になりました。彼は長年、売れる店舗と売れない店舗のデータを見続けてきたため、ある程度の成功パターンが見えているそうです。やはり、長く続けてきた人ほど経験値が高く、売れる店舗をつくれる確率が上がるわけです。

逆に言えば、何の経験も知識もない状態で闇雲に行動しても、成功する確率は低いものになります。山崎元さんが言っていたように、それでもまずは何でもやってみることが大切だとも思います。先ほどのサントリーの鳥井さんの言葉「やってみなはれ」、その後は「やらなわからしまへんで」と続きます。

最初のうちは失敗して当然。ただ、その失敗を無駄にしないためにも、**過去の成功例や失敗例を知っておくことで、次の行動の精度を上げることができる**のです。

稼ぐ人の
詐欺対策

お金を持っても油断しない お金に騙されるな

■富裕層でも騙される

お金を持っている人でも騙されるという話を聞くと、意外に思う人も多いかもしれません。しかし、現実には数千万円、数億円という単位で詐欺に遭う事例が後を絶ちません。特に投資の世界では、巧妙に仕組まれた詐欺まがいの話が頻繁に持ち込まれます。そして、投資の知識がある富裕層ですら簡単に騙されてしまうのです。

例えば、知人のウォレット会社に暗号通貨で8000万円の資金を預けた結果、そのまま持ち逃げされてしまったという話があります。

「必ず儲かる」という甘い言葉に惹かれ、自分が完全に理解できていないしくみにお金を投じてしまうことが、こうした被害の共通点です。内実のわからないブラックボックスには手を出さないほうがいいと頭ではわかっているのに、巧妙な手口にハマってしまう罠がそこにあります。

最近では、SNSやウェブ広告を利用した詐欺も増えています。メタバース関連の投資話などはその典型といえるでしょう。「今がチャンス」「有名人も推奨している」といった宣伝文句が並ぶ広告の多くは詐欺の可能性が高いもの。

実際に、数千万円単位で被害に遭っている人が続出しています。

金持ちの周りには、こうした詐欺のプロたちが言葉巧みに近づいてきます。しかし、**自分の財産を守るためには、「理解できない投資には手を出さない」という鉄則を守る**ことが何よりも大切です。

■暗号資産のリスクと管理の難しさ

暗号資産は、特にリスクの高い投資の一つです。ビットコインをはじめとする仮想通貨の口座が凍結され、資金が引き出せなくなるというトラブルは日常茶飯事です。ある投資家が仮想通貨をさまざまな取引所で売買していたところ、規約違反と見なされて数千万円分の資産がロックされてしまったという事例もあります。悪意がなくても、取引履歴の問題で凍結されることは十分にあり得るのです。

過去に中国系の仮想通貨取引所で30万円分の草コイン（流動性が低く市場規模が小さい仮想通貨で、大きな上昇が期待される）を購入し、それが1500万円に膨れ上がった人がいます。しかし、この資産を現金化しようとすると、規約上の問題で凍結される可能性があるため、今は放置しておくしかないといいます。暗号資産の世界は、「ゲーム感覚で楽しむ」という心構えがいいかもしれません。**あくまで余裕資金で行い、万が一ゼロになっても後悔しない範囲で取り組むべき**でしょう。

堀江さんのようなリテラシーの高い人でも、仮想通貨の管理ミスをしています。そのミスとは、イーサリアムを大量に保有しているウォレットの暗号キーを忘れてしまい、数億円相当の資産にアクセスできなくなっていると聞きます。こうした事例を見ても、**デジタル資産は慎重に管理する必要がある**ことがよくわかります。

稼ぐ人の

ＢＳ思考

無借金は最善ではない成長できる「よい借金」

■企業規模に注目するＢＳ思考を身につける

日本企業は伝統的に収益重視の経営で、銀行や取引先も、収益力を見る損益計算書ベースの「ＰＬ思考」に偏りがちです。一方で**「ＢＳ思考」、すなわち貸借対照表（バランスシート）に着目した資本戦略を重視する中長期的戦略が苦手**と言われています。

任天堂とディズニーを比較するとわかりやすいでしょう。任天堂は現在、約10兆円規模の日本を代表するすばらしい企業ですが、ディズニーは１００兆円規模にまで成長しています。両社ともにすばらしいコンテンツ力とＩＰ（知的財産）を持っています。しかし、任天堂が無借金経営を貫いてきたのに対し、ディズニーは積極的に借入を行い、ピクサーやマーベル、ルーカスフィルムなどの企業を次々と買収しながら成長し、巨大なエンターテインメント帝国を築いてきました。今や、その規模はほかの追随を許さないほどです。

任天堂のゲーム開発力はすばらしく、職人的な京都企業としての気質も持ち合わせています。しかし、その一方で、無借金経営という方針が、企業の成長を制限しているのではないかとも見えます。

ここで重要なのは、**「よい借金」と「悪い借金」を見極める**ことです。ディズニーが行っているのは、価値を生むための「よい借金」です。新しいＩＰを手に入れ、長期的に大きなリターンを生み出すことができるのなら、それはむしろ健全な戦略と言えます。

日本では無借金経営が称賛されがちですが、それが必ずしも最善の戦略とは限りません。借入を活用して企業価値を高める「ＢＳ思考」を持つかどうかが、成長の規模を大きく左右するのです。

■日本人の「借金＝悪」という価値観

こうした経営における成長の違いは、「PL思考」と「BS思考」という、資金に関する価値観の違いから生まれるものです。

「お金教」は基本的にPL思考になりがちです。「収益を上げ、コストを抑え、健全な経営を続ける」ことを最優先とする考え方です。しかし、BS思考を取り入れることで、企業はより大きな成長を実現できるのです。

この「PL思考 対 BS思考」の違いは、個人の資産運用にも応用できます。多くの日本人は、「借金をせず、コツコツ貯めて安全に運用する」ことをよしとします。しかし、**適切なレバレッジをかけて資産を拡大することができれば、より大きなリターンを得られる可能性もあるのです**。

本章のまとめ

働く×投資で人生の選択肢を広げる

☑「お金がゴール」という錯覚を捨て、投資や副業でお金に働いてもらう発想を身につける

☑デフレマインドを脱却し、守るだけでなくリスク管理をしながら資産を成長させる

☑本業や趣味で得られる情報を活かし、行動を先延ばしにせず即決でチャンスをつかむ

方程式③　お金教を脱してお金を増やす

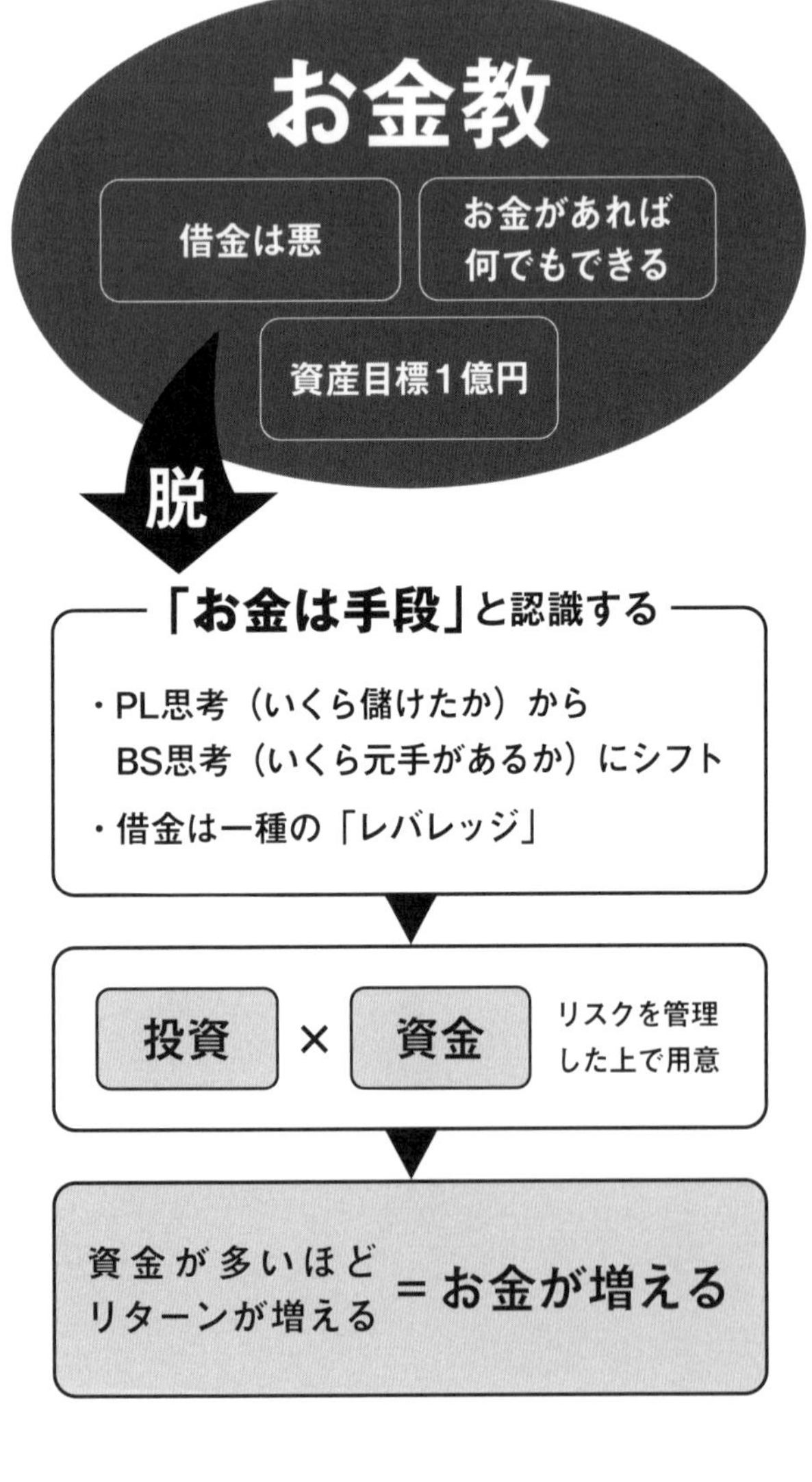
お金教
借金は悪
お金があれば
何でもできる
資産目標1億円
脱
「お金は手段」と認識する
・PL思考（いくら儲けたか）から
BS思考（いくら元手があるか）にシフト
・借金は一種の「レバレッジ」
投資
×
資金
リスクを管理
した上で用意
資金が多いほど
リターンが増える
＝お金が増える

第4章

お金・ライフスタイル・健康の最適化

「生活」と「健康」へ投資をして稼ぐ基盤を強化する

稼ぐ人はお金だけでなく
睡眠や健康、趣味にも気を配り
人生と資産を同時に成長させている

稼ぐ人の
体調管理

億を稼ぐために必要な睡眠・健康への投資

■睡眠の質を上げることにこだわる

1億円の資産をつくるために有効な方法、考え方はいろいろとありますが、日々の習慣の積み重ねもまた稼ぐ力を身につけるために必要なことです。本章では、そうした習慣、マインドの持ち方をお話ししていきましょう。

まずは、なにごとも体が資本ですから、健康についてです。

ここ最近、「睡眠の質を上げる」というテーマが、稼ぐ人たちの間でますます注目を集めています。成功者たちはこぞって「ちゃんと寝ることが大事」と語りますが、それは単に「長時間眠る」という話ではありません。むしろ、**睡眠という行為を利用して「どれだけ効率よくリセットできるか」**が問われているのです。

例えば、KADOKAWAの社長である夏野剛さんは寝具にはこだわり、その質を重視していると聞きます。また、移動時間は稼働が限られるため睡眠に充てているようですが、そこでの睡眠の質を少しでも高める手段を選んでいます。海外出張の際にフルフラットのビジネスクラスを利用するというだけでなく、メラトニンサプリを服用し、寝つきをよくしていると聞きます。それに留まらず、大阪から帰京する際にはフルフラットで眠れる寝台列車を探すこともあれば、座席がフルフラットに近い状態になる深夜バスも検討していたとも聞いています。それくらい、睡眠の質にこだわっているのです。

とはいえ、ビジネスクラスやフルフラットで横になれるような特別な状況を手にできるのは一部のアッパー層に限られてくるもの。でも、あきらめる必要はありません。より一般的な稼ぐ人たちも、睡眠の質を高める手法を取り入れています。

■デジタルで健康管理をする

今や大半の人が保有しているスマートフォンですが、手近な機器でありながら、さまざまなセンサーが搭載されていることを考えればパソコンよりもある意味で高性能です。このスマホにライフログと呼ばれる〝行動の記録〟が溜まっていきます。交通系ＩＣや地図アプリを利用すれば移動の記録が残ります。

そこにスマートウォッチやスマホアプリを使って自分の体の情報やライフログを記録できる状態をつくれば「データを活用した健康管理」が可能になります。睡眠の質や体調の変化を数値化することで生活を最適化し、パフォーマンスの最大化を目指せます。かつては歩数計で歩数をカウントする程度だった健康管理も、今では睡眠の深さや心拍変動、ストレスレベルまで可視化できるようになりました。**今まで「なんとなく体調が悪い」としか言えなかったものが、数値で可視化されるので具体的に把握が可能**になります。こうしたデジタルツールを活用することで、「今の自分の身体がどのような状態にあるのか」を正確に知り、必要な改善策を講じる。これは資産の有無に関係なく、誰しもが実践できる簡単な健康管理でしょう。

■「パフォーマンスを最大化する」という意識

睡眠の話をしましたが、資産家と呼ばれるような人たちと話をしていて、総じて出てくるのは健康維持の話です。彼らは**当然のように健康に投資をします**。年に一度から二度の人間ドックはPET検査からフルセットで受けるなど、高額な健康診断を受けるのも珍しくありません。しかし、興味深いのは、まだそこまで資産を築いていない30代の稼ぐ人予備軍も、積極的に自分の体調を管理していることです。彼らはまだ高額な医療サービスを受ける余裕がないかもしれませんが、日々の健康管理には熱心です。それこそスマホやスマートウォッチで体調のログを取ることはもはや習慣で、「時間を守る」「メールのレスポンスが早い」といったビジネス上の基本スキルと同じように、健康管理もルーチンの一部になっています。

このように、**健康を意識し、習慣化することは、稼ぐ人の共通点の一つ**と言えます。そして、その**最大の目的は「パフォーマンスを最大化するため」**です。彼らは健康を重視することで、よりよい仕事ができると考えるのです。

稼ぐ人の
物件選び

持ち家vs.賃貸　稼ぐ人はどちらを選ぶ？

■持ち家の魅力と実際の成功例

住宅は持ち家がよいのか、賃貸がよいのか。

この議論は今に始まった話ではなく、長年多くの意見が交わされています。従来、金融リテラシーの高い人々は「持ち家は損だ」と主張し、著名な投資家や実業家の中にも「不動産は持つな」と言う人は少なくありませんでした。しかし、実際に市場の動きを見ていると、この20年では持ち家（好立地が条件ですが）を選択した人々のほうが利益を得たケースが見受けられます。

例えば、20代や30代でマンションを購入し、結婚や出産など、ライフスタイルが変わるときに売却して、そのときのスタイルにあった物件をまた購入する。都市部に関していうと、この四半世紀の不動産価格はおおむね右肩上がり（リーマンショック後から東日本大震災以降はやや下がりましたが）。おまけに超低金利が続いてきました。結果的に人気地域の物件であれば、売却益が出る状態でした。その利益を元手に、よりよい物件へと住み替えていけたのです。さらに、親や家族のライフスタイル変更に合わせて、実家に住んだり貸したりすることで資産を効率的に活用する人もいます。

このように、**「住みながら資産を増やしていく」タイプの人々は地道に資産を築いている**傾向があります。

特に都市部の人気エリアで安い時期にマンションを購入し、家族が増えたタイミングで売却することで利益を得た人は少なくありません。そもそも転売目的で購入したわけではなく、結果的に家が資産として機能したものです。

私は四半世紀にわたり、何度となく「持ち家 対 賃貸　どっちが得か?」を取材してきました。そして、いつの時代もマネーリテラシーが高いといわれる投資家や実業家はリスクヘッジのため「賃貸派」が主流派でしたが、今のところは「持ち家の買い替え」派が得をしてきたといえます。

■持ち家の価値とリセールバリュー

一般的には「持ち家より賃貸のほうが自由度が高く、資産の流動性も保たれる」と言われてきました。確かにそういった側面があるのは事実ですが、全国都市部の不動産市場の動向を見ていると、適切な物件を選び購入した人のほうが、結果的に資産を増やしているケースが多いように見受けられるのです。

実際、海外に在住する某著名人も以前は「賃貸派」の急先鋒でしたが、その移住先が都市部であったことから資産価値が下がらないと判断し、最終的に不動産を購入しています。つまり、**「資産価値が下がらない物件なら持ち家のほうが合理的である」**という結論が導き出されます。

ただし、市場の動向には慎重になるべきです。例えば、湾岸エリアのタワーマンションなどは供給過多になるリスクがあり、将来的に価格が下落する可能性もあります。**持ち家を検討する際には、リセールバリューを考慮しておく**ことが重要です。

今の不動産価格は高値水準であり、今後の人口減少を考えると、今から購入しても、持ち家が得をするという保証はまったくありません。

■変化を厭わないことの重要性

「家は3回建てないと本当に満足のいく家にならない」と言われます。この考え方は、建築業界ではよく知られています。

1回目の家では理想と現実のギャップを知ることになり、2回目でその修正を試み、3回目にしてようやく自分のライフスタイルに合った家が完成する、というものです。

この話を聞くと、私はアパホテルのグループ代表である元谷外志雄さんの「人は同じ場所に10年住むとバカになる」という言葉を思い出します。

元谷さんの言葉は単に引っ越しをすすめる話ではなく、**「人は変化しなければ成長できない」**という本質を突いたものです。

また、経営コンサルタントの大前研一さんの有名な教訓に「人が変わる方法は、時間配分を変える・住む場所を変える・付き合う人を変える、の三つしかない」とあります。この話には続きがあり、最も無意味なのが「決意を新たにする」ことだと。**人は強制的にでも行動を変えないと変化しない**ものなのです。

実際に、資産を築いた人は住む場所を変えている傾向があります。もちろん、これは偶然かもしれませんが、住む場所を変えることで新たな環境に適応し、変化を続けることができるのかもしれません。終身雇用の日本型企業でも頻繁に定期人事が行われ、強制的に行動変容を促しています。これは人間真理をついた苦肉のシステムなのかもしれません。

私自身、今の持ち家を売却すれば、まとまった利ざやが出る計算です。すでに十数年暮らしているので、「人は同じ場所に10年住むとバカになる」理論的には今が移転のタイミングなのでしょう。しかし、なかなか行動に起こせずにいます。今の生活に特に不満もなく、そのまま住み続けてしまっているのです。こういうところが私が資産を築けない一因でもあります。この現状からも、**変化を厭わずに積極的に行動できるかどうかが、資産を築けるかどうかの分かれ道**になるのかもしれません。

稼ぐ人の
モノの価値

資産家はリセールバリューを考えてものを買う

■後々の価値を考えてものを選ぶ

持ち家と同様に、リセールバリューはほかのことでも考えられます。

これまで取材を重ねる中で気づいたのが、多くの資産家たちが、この「リセールバリューのあるものを買う」という考え方をする傾向にあります。単なる所有欲を満たすためではなく、**資産としての価値を見極め、将来的に価値が上がるものを購入する**という視点です。

例えば、酒好きで凝り性の友人は、ウイスキー市場に興味を持ち、15年くらい前から地方出張などを利用して、地元の酒屋でほこりを被っているようなウイスキーを買い続けました。その後、ブームになってから購入したものも含めて累計約3000万円分のウイスキーを購入しているそうです。それを現在の資産価値にすると1億円をゆうに超える価値になっています。これは、趣味を超えた戦略的な資産運用の一例と言えるでしょう。

高級時計の世界でも、同様の動きが見られます。富裕層の間では、ロレックスやパテック・フィリップといった高級時計を趣味と実益を兼ねて購入するケースが増えています。特に、限定生産されたモデルは市場での価値が下がりにくく、数年後にはむしろ価値が上がることもあります。

一方で、高級時計でも知識のないままに中途半端な時計を買うと、単なる浪費になってしまうこともあります。例えば、「ロレックスの限定モデルが欲しいけど高いし、入手困難なので、代わりに定番のロレックスを買った」という場合、リセールバリューもそこまでなく、結果的に損をすることになります。つまり、単に有名ブランドを選べばよいのではなく、**その価値が長期的に維持されるかを見極める目と、それを入手するための特別なネットワーク構築**が必要となります。

■リセールバリューは情報戦

車を選ぶ際も同じです。例えば、フェラーリは生産台数が限られており、中古市場でも価値が下がりにくいことで知られています。一方で、一般的な高級車であるベンツなどは、新車で購入しても、価値が落ちてしまいます。

最近では、トヨタのランドクルーザーなど、リセールバリューが高い車を選ぶ人が増えてきました。しかし、こうした車は需要が高いため、ネットワークがないと簡単には購入できないこともあります。つまり、情報戦の要素も含まれているというわけです。

稼ぐ人は**ものを購入する際に「この商品は数年後にどの程度の価値を持つのか」を見極めた上で購入を決断**します。結果として、無駄な浪費を避けながら、資産を増やすことができるのです。

■本当に価値のあるものを見極める

ただ高価なものを買うのではなく、価値のあるものにお金を使う。これこそがリセールバリューの極意です。時計、ワイン、車、アート……、どれも時間が経っても価値が下がりにくい、場合によっては価値が上がるものを選ぶ傾向があります。

物を買う際に「売る前提」で購入する人々の特集を組んだことがあります。例えば、高級な子ども用の椅子を購入する際も、「5万円で買って、5年後に3万円で売れるなら、実質2万円で使える」と考える人々をフィーチャーした特集でした。これはメルカリやヤフーオークションなどのサービスが普及したことで、今や誰にでもできることになっています。

お金の使い方には「浪費」と「投資」の違いがあります。単に「お金を使え」と言われても、無計画に使うだけでは何も残りません。本当に価値のある使い方をするには、何にお金をかけるべきかを理解し、戦略的に使うことが求められます。それが最終的には「お金を増やす力」につながっているのです。

稼ぐ人の

節約志向

稼ぐ人はさらにお金を生むためにお金を使う

■節約思考と投資思考

取材をしていると、多くの成功者には共通したお金の使い方があります。その中でも特に顕著なのが、「コンビニで商品を買わない」という習慣です。例えば、ひろゆきさんや前述した「大学生投資家」三村雄太くんのような若い個人投資家たちは、「コンビニでジュースを買うなんて、金持ちになれない人の典型」と言います。**スーパーなら同じジュースが30円安く買えるのに、わざわざ高いコンビニで買うのは、合理的なお金の使い方ではない**と言うのです。

彼らの考え方は本当に徹底しています。スーパーで買えるものをコンビニで買うのは論外。また、ＡＴＭでお金を下ろすときの手数料にも厳しく、１００円や２００円の小さなコストの積み重ねが、長期的に見れば大きな差を生むと考えています。

■お金を節約するか、時間を節約するか

こうした細かい日々の節約が年間で数万円、場合によっては数十万円の差を生み、10年、20年と続けば１００万円単位の資産の差になる。ひろゆきさんは、「舌は肥やすな、飯がまずくなる」「一度上げた生活水準を戻すのは難しい」と言います。おいしいものを食べ続けて、それに慣れると、普段の食事がまずくなり幸福度が減るし、**便利さやラクさを覚えてしまうと、それがない生活に満足できなくなってしまい心が疲弊**します。だからこそ、日々の支出にシビアになっているのかもしれません。

一方で、お金を払うことで時間を〝買っている〟人たちもいます。

堀江貴文さんと一緒に仕事をしているビジネスパートナーが、堀江さんとの仕事があり電車を使って移動した際のことでした。現地に到着した彼は堀江さんに電車で来

自分のリソースを節約する

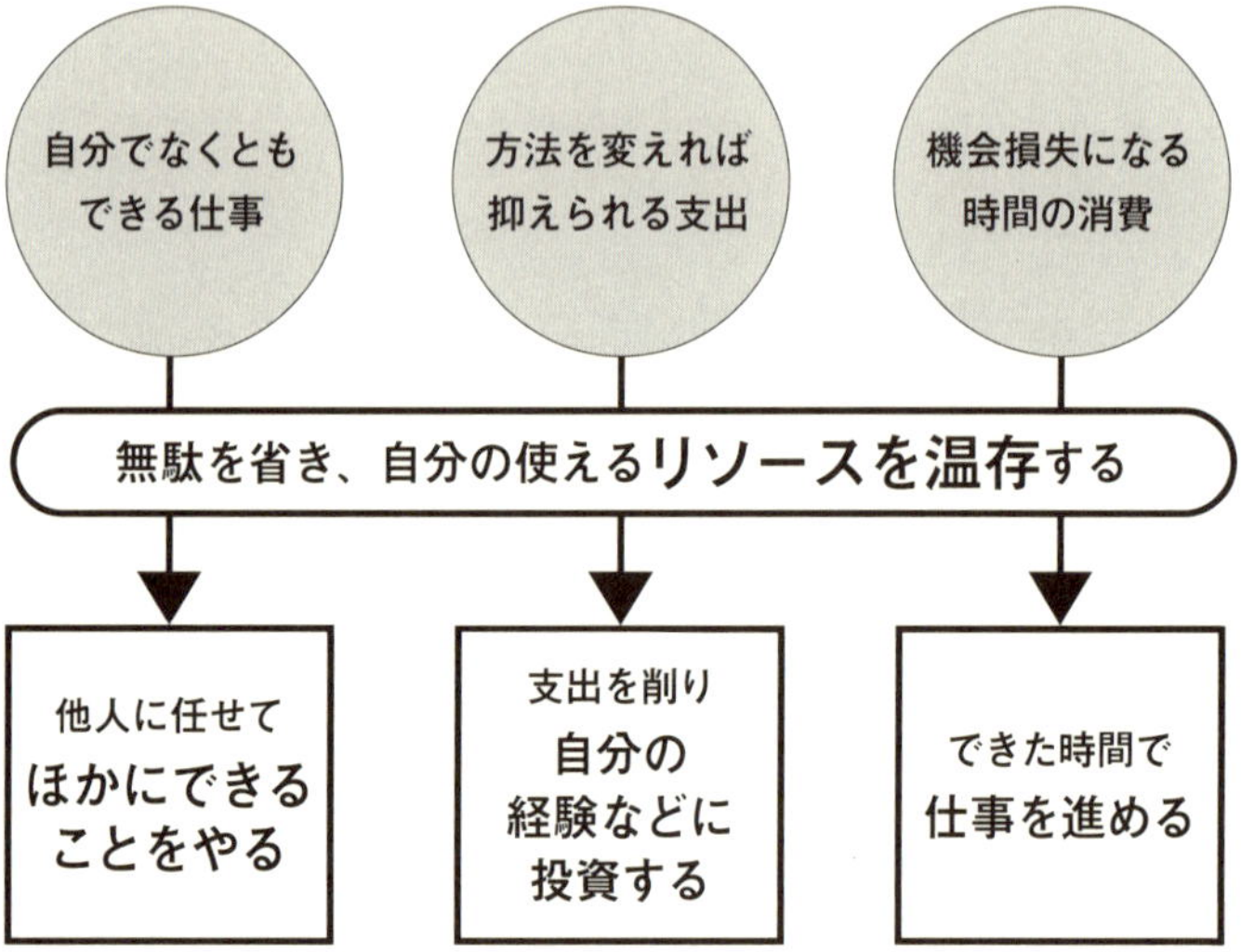

たことを告げると、真顔で「なんで電車で来たの？」と指摘をしてきたそうです。彼は節約できるところはするべきだ、と考えていたので電車移動をしたのですが、その行為に対し堀江さんは「タクシーに乗って、その移動時間で仕事をすれば、電車賃の差額どころかプラスになるだろう」と言ったそうです。

　この考え方は「稼ぐ人の時間感覚」を象徴しています。100円、200円の節約を重視するよりも、その**時間を2000円ほどで買って、買ったその時間で数千円、数**

万円を稼ぐほうが合理的という発想です。

ここで、「節約」と「投資」という二つの考え方が浮かび上がります。日常の支出を抑えることは大切ですが、それ以上に、**「何にお金を使うか」を考えなければ資産は増えません**。節約することは手段であり、目的ではありません。賢いお金の使い方をすることで、より大きなリターンを得ることができるのです。

■価値ある経験への投資

一方で、ある投資家は「いいものを知る」ためにお金を使うと言います。ワインであれば10万円のものと1万円のものを試し、その違いを体験する。人によっては1万円のワインのほうがおいしいと感じ、価値を感じることもあるでしょう。これにより、**自分が本当に価値を感じるものにお金を使う**ようになります。

また、自分自身に対する投資も特徴的です。成功者全般に共通するのは「体験」や「交際費」に積極的にお金を使うこと。海外旅行やスポーツ、コミュニティへの参加など、長期的な人間関係やビジネスの可能性を広げることを重視しているのです。

稼ぐ人は積極的にお金を使うといっても、あり金を全部使い切るとは考えていません。むしろ、「何にお金をかけるべきか」を常に考え、計画的に投資しています。

そのお金は何のために使っているのか？　どういった意図があり、それが資産につながるのかを考えています。お金の使い方を見直せば、資産形成のスピードは格段に上がるでしょう。

稼ぐ人の
私生活

仕事のオン・オフの上手な切り替えとつなぎ方

■仕事のオン・オフの切り替えが長期的に生産性を上げる

仕事のオンとオフを上手に切り替える。

これはとても重要です。私は編集者という職業柄、常に〝面白い情報〟や〝売れる情報〟がないかを意識して生きてきました。四六時中仕事のことを考え、どんなことがあっても仕事が優先。担当していた週刊誌の特性もあり、オンとオフの区別はありませんでした。仕事と趣味の境がないタイプです。

一方で、**仕事の時間中は徹底的に集中し、オフの時間はしっかりとリフレッシュす**

るバランスを維持できる人は、それが長期的な生産性の向上につながっていると感じます。

特に、稼ぐ人々のオフの時間の使い方には特徴があります。都会の喧騒を離れ、オフラインの環境で過ごす時間を意識的に確保することで、心をリセットし、次の仕事に向けたエネルギーを蓄えるのです。

最近では稼ぐ人の間でデジタルデトックスを取り入れる人が増えています。一定期間スマートフォンやパソコンから離れ、仕事とは関係のない趣味に没頭することで、新しいアイデアが生まれることもあります。このリフレッシュの仕方は、**単なる気分転換ではなく、よりよい仕事を生み出すための準備**とも言えるでしょう。

■オフが結果的にオンにつながる

オフの時間をどう過ごすかは人それぞれですが、特に多いのがスポーツやアウトドアの趣味です。一部の経営者の間でトライアスロンが人気です。これは単なる健康維持のためだけではなく、同じような挑戦をしている仲間と交流し、新たなビジネスに向き合う心と身体を養っているように見えます。

また、最近、私もはまっているのが登山です。あるトップクリエイターは、登山を通じて体力を維持するだけでなく、自然の中で集中力を養い、その結果として仕事のパフォーマンスが向上したと語っています。山の中で静寂に身を置くことで、**日常では得られない気づきやひらめきを得る**ことができるのです。

こうしたアクティブな趣味を持つことは、心身のリフレッシュだけでなく、新たなビジネスのつながりを生む場としても重要な役割を果たしています。仕事仲間とビジネスの場だけでなく、趣味を通じた関係を築くことで、新たな視点を得ることができるのです。

それでは仕事をしているのと変わらないではないか？　という声もあるかと思いますが、ここまで紹介した人たちは、オフが結果として仕事につながっているのです。

オン・オフの上手な切り替え方ならぬ、**オン・オフの上手なつなぎ方**とも言えるでしょう。

■インプットの時間としてのオフ

もちろん、オフの時間を使って映画を観たり本を読んだりすることも、効果的なリフレッシュ方法の一つです。ただし、単なる娯楽として消費するだけに留まりません。せっかく何かをするのであれば、そこに学びを見出す。こういったことをナチュラルに実行できるのが稼ぐ力のある人なのでしょう。

例えば、起業家の間では古典文学や歴史書を読むことがビジネスの洞察を深めるのに役立つと考えられています。**歴史には、成功や失敗のパターンが繰り返されており、それを学ぶことで現代のビジネスにも応用できる教訓を得る**ことができます。ここでもオフの間はエンターテインメントとして楽しみながら、オンに思い出して、結果的に仕事に活きるといったオン・オフの上手なつなぎ方を実行しています。

稼ぐ人の
運と行動

他人のための行動が自分自身に運を呼び込む

■運を引き寄せる人は相手のことを考えられる人

成功した人から話を聞いていると、彼らの多くが発する言葉があります。それは**「自分は運がよかった」**です。

当然、運だけでうまく行くはずがありません。話を聞いてみても途方もない努力や苦労をしていると感じます。ただ、彼らは謙遜しているわけではないとも思います。似たような事業を手掛け、同じような苦労や努力をしても、成功することもあれば失敗することもあります。事業家は当然、成功している人ばかりではありません。こういったことがあるので、彼らはそこでの成功を「運がよかった」と表現しているのです。特に起業で成功した人や企業で出世した人は「運がよかった」と言う人が多い印象です。古くはパナソニック創業者の松下幸之助さんが「成功の90%は運」と語り、田中角栄元首相から京セラ創業者の稲盛和夫さん、ニトリの似鳥昭雄さんほか多くのトップランナーが「運」について言及しています。

では、運が集まるのはどのような人でしょうか?

それは、ずばり相手のことを考えられる人だと思っています。人間関係でも仕事でも、お金や行動を通じて相手に何か価値をギブできる人は、結果的に運も引き寄せているのです。これは決してスピリチュアルな話ではありません。実際に運というものの総量が増えていく実感があるような気がしているのです。

成功と失敗の差を見ていて気がつくことがあります。**成功のパターンをつかむ人は運を引き寄せる条件を自然と満たしているのではないか、ということです。その一つが、相手を考えること**です。

相手を考えるといっても、相手におもねって「ギブし続ける」ということではありません。相手の立場や状況を想像し、自分がテイクすべきところはテイクする。しかし、同時に相手にとって何がベストかを考えながら動く人は、結果として運が溜まっていくのではないかと思うのです。

■運がいい人と仕事のスタンス

ギブが念頭にある人とはどんなものでしょうか。

後者の代表例を挙げるとすれば、テイクが念頭にある人の逆、それは「仕事をください」と言うだけの人です。相手から仕事をもらうということは、相手の利益の一部を頂戴するということになります。テイクが念頭にある人は「まず自分が何を得られるか」、つまり利己的な人だと思います。

逆にギブが念頭にある人はどう考えるか。仕事をもらうというパターンで考えるならば、**「このアイデアがあるのですが、どうでしょう?」と提案することで相手に利益を与え、その中で自らができる範囲の作業を請け負い、そこの部分の費用をもらう**というイメージです。誰がどう見ても、後者のほうがはるかに仕事は舞い込みます。

職業柄、ＰＲパーソンから売り込みを受けることが多いのですが、自分のクライアントのリリース情報をただ伝えるだけの人がけっこういます。まさに右から左、何もしていません。しかし、成功するＰＲパーソンはメディアに今どんな課題があるのかをリサーチし、一緒になって企画案や課題解決方法を考えます。

つまり、**自分の利益だけでなく、相手が何を必要としているかを理解し、そこに寄り添うことができる**人に仕事は集まるのです。

■自責の姿勢が運を呼ぶ

成功する人に共通するのは「自責の念が強いこと」です。もちろん、何か問題が起きた際、その原因は自分ではない、場合によってはまったく関係のないこともあるとは思います。しかし、自責の念がある人は、そこで考えます。**「自分は関係ないかもしれないが、何かできることがあったのではないか？」**と。

例えば、自社イベントの開催日に雨が降ったとき、「運が悪い」と嘆くだけで終わらせるのではなく、「なんでその日程を選んだのか」「雨が降ることを想定して案をつくれなかったのか」と考えます。

逆に、何かうまくいかないときにすぐ他責にする人で、成功した例を私はあまり知りません。人の悪口ばかり言っている人も同様です。批判するよりも、自分に何ができるかを考え、改善し続ける人が成功をつかむのは当然のことではないでしょうか。

■運はどこからやってくるのか

まだ私が若かったころの話です。とある上場企業の社長からこんなことを言われました。

「幸運はどこからくるか知ってる?」

本音を言えば「どこからやってくるか」なんて考えたこともありませんでした。考えあぐねる私に社長は続けてこう言いました。

「幸運はね、斜め後ろからやって来るんだよ」

これは、**真正面から欲しいものを手に入れようとがむしゃらに追いかけて動くだけでは、チャンスはつかめない**という意味です。「ズラす技術」にも似ている考えです。

編集の仕事でも、すでに売れている作家に頼んで本を出すのは、いわば真正面のアプローチです。しかし、斜め後ろ、つまりまだ注目されていない人や新しい視点の切り口に目を向けたほうが、結果的に大ヒットにつながることがあります。

また、「相手の欲しいものを見抜く力」は、すぐに身につくものではありません。経験の積み重ねが重要です。何度も失敗し、そこから学び続けることで、人はようやく相手のことを読めるようになります。そして、経験を積むためには、失敗しても回復できるだけの環境が必要です。

『運の方程式』（鈴木 祐著）で書かれている「回復力」に通じるものです。同書では、「幸運＝（行動×多様＋察知）×回復」として、「回復」は何度行動を起こせるかで運の総量が決まると説いています。**失敗を恐れずに挑戦し、そこから素早く回復できる人ほど、成功をつかみやすくなる**というわけです。つまり、運をつかむには先述したように「バッターボックスに立つ回数を増やすこと」が不可欠なのです。

■運の複利効果を得る

成功する人は、総じて「人たらし」の要素を持っている。そんなふうに感じています。**相手の気持ちを想像し、的確に対応できる人は、人の信頼を得るのがとにかく早い**です。この「相手を想像する力」は、ビジネスだけでなく、日常の些細なやり取りにも現れます。

日々の生活で、相手のことを考える。メール一つ打つのでも、相手が忙しい人であれば、長文の思いを込めたメールではなく、端的に情報を視覚的に把握できるようにする。相手がどうやったら返信しやすいかを考える。長文で思いを込めたほうが動く相手には、そのようなメールを送る。そんな自分に合わせてくれる便利な人間を、相手も自然と大切にしていきます。もちろん、ケースバイケースではありますが、それもこれも相手の状況や心理などを考えた結果でしかありません。

そして、こうした小さな積み重ねが、長期的に見ると大きな運を引き寄せる要素となるのです。運もまた、複利のように積み重なるのです。大きな信用を一度の行動で勝ち得ることは難しく大変なことですが、**僅差でも信用を得続けることによって、それが複利のように積み上がり、気がついたときには成功につながっている**。

成功した人々が口々に「運がよかった」と言うのは、まさにこういうことだと思うのです。

稼ぐ人の

願望・熱量

欲望のリミッターを外した者が成功する

■深い欲望がその先を見据える原動力になる

非エリートなのに30代で上場社長となった友人が**「成功する人としない人の違いは、圧倒的な欲望の総量にある」**と語っていました。この言葉には、成功者たちが共通して持つ核心が詰まっていると思います。ただ単に何かを手に入れたいという願望ではなく、どれほど強く求めるか、その欲望こそがカギなのです。

欲望の強い人は、目の前にあるものだけで満足せず、もっと先を見据えます。

ある起業家は資産百億円を達成するのは簡単だったが、今は千億円を目指している

と言います。傍から見たら彼はすべてを手に入れているように見えますが、それでも「足りない」と感じています。

この感覚を持てるかどうかが、次のステージへ進めるかどうかの分かれ道なのでしょう。

欲望には個人差がありますが、そのスケールが大きいほど、稼ぐスケールも比例して大きくなります。平凡な会社員から、いきなり億万長者という一足飛びは難しいかもしれませんが、見据える目標は大きく、そこへ向かうロードマップと地道な積み重ねが、そのスケールの大きな目標を実現させるのだと思います。欲のリミッターをいかに外していけるかが勝負になります。

■コンプレックスと欲望の関係

とはいえ、スケールの大きな目標があっても、そこに辿り着くまでの道のりは険しいものです。スケールが大きければ大きいほど、生半可な気持ちでは乗り越えることができない壁があると思います。

その高い壁を乗り越え稼ぐ人になるために必要なのが、欲望の深さとコンプレックス。ある上場社長がそう言っていました。

というのも、欲望とコンプレックスは密接に結びついていて、**コンプレックスがあるからこそ、それを埋めようとする強い意志が生まれ、行動を促す**からです。

例えば、某ＩＴ企業の社長は有名大学卒ですが、高校時代は超進学校に通っていたことで周りのレベルが高く成績は上位ではなかったそうです。ですので、当時の同窓生たちは未だに「君は勉強ができなかったからね」と言っていると聞きます。実際に大学は高校の同窓生と比べるとワンランク下。

「こんなはずではなかった」

本人はそう考えたのでしょう。そのコンプレックスを埋めるかのごとく彼は仕事に没頭し、同窓生とは比べ物にならないくらいの規模の事業を手掛けることになったと言います。

また、ある起業家は高学歴とはいえない大学を卒業し、中小のＩＴ企業に就職したものの、その後大手企業に転職したことで周囲との学歴や実力の差を痛感。強烈なコンプレックスを抱きました。そこから努力を重ねて起業し、10年かけて上場企業を築き上げています。

このように、本人にとっての強烈なコンプレックスがあるからこそ、それを克服するために努力し続けるタイプが存在します。そして、その努力はやがて「圧倒的な成功」へとつながってきます。

■コンプレックスは克服せず操る

さらに面白いのは、彼らは誰もが羨むような状況になっているにもかかわらず満足をせず、さらに先を追い求めていること。一度抱えたコンプレックスさえも、レバレッジしているかのようです。

コンプレックスは世間一般では克服すべきものと考えられています。しかし、その**コンプレックスが原動力になるとしたら、コンプレックスをレバレッジして成功のエンジンにできるのであれば、無理に克服せずに、うまく操ればいい**ものなのかもしれません。

正直、私には正解はわかりませんが、彼らを突き動かす何か、成功に導くための何かがそこにあるような気がしてなりません。

■欲のリミッターを外せる人が稼ぐ人

本当に成功する人はある意味で「欲のリミッター」を外し、限界を決めずにどこまでも上を目指します。

ミリオネアとビリオネアの違いもここにあるような気がしています。ミリオネアは「エリートとしてしっかり働き、お金を貯める」ことでも達成しますが、**ビリオネアは「もっと稼ぐ」「もっと投資する」という視点を持ち、欲のリミッターをさらに外して、次々とステージを進むことでようやく達成できる**ものだと思います。

実際、2024年に米経済紙『Forbes』が発表した「ビリオネアランキング」によると、日本人のビリオネアは41人。その半分は自身が起業し、一代で巨大企業に上り詰めたカリスマ経営者たちです。

■ビリオネアのマインドセット

ビリオネアとミリオネアの違いは、一言で言うと「どこまで目指すか」というマインドの違いです。

普通の人は、ミリオネア（1億5000万円の資産）を目指しますが、ビリオネア（1500億円の資産）を目指す人は、その額に呼応するように最初から桁違いの目標を掲げています。彼らは**「この程度でいいや」とは考えず、どこまでも上を目指す「外れた欲のリミッター」を持っている**のです。

例えば、ある起業家は「フロリダに100億円の別荘を持ちたい、そのためには1000億円必要だ」と考えていました。これは単なる贅沢ではなく、「次の目標へ進むためのステップ」なのです。

成功する人は**「どこまで欲を持ち続けられるか」**にかかっているとも言えます。

稼ぐ人の
食生活

稼ぐ人の食事欲望の満たし方

■食事と欲望の関係

現代人にとって食事というものは、単なる栄養補給ではありません。それは、人の欲望と密接に結びついているものです。成功者たちの多くは、食に対して貪欲であり、おいしいものをよく食べる傾向があります。体型は人それぞれですが、食欲が旺盛であることがわりと共通しているのは興味深い点です。某外資系元トップも食べることが大好きで、食を楽しむことに重きを置いていましたが、彼が「成功者は食欲旺盛。小食の人はいない」と熱弁していました。

また、食欲旺盛ではなくとも、食に対して何かしらのこだわりが強い人も多いです。**成功者たちの食事スタイルを見ても、彼らは単なる食事を超え、ライフスタイルの一部として確立**しています。有名経営者たちは、「二次会には極力行かない」「ランチの会食は避ける」「夜だけ自由に食べて、日中は食べない」といった独自のスタイルを確立している人もいます。

彼らの共通点は、食事をただ楽しむだけでなく、「自分のパフォーマンスを最大限に引き出すための手段」として捉えていることです。つまり、食事に対しても受け身ではなく、積極的に最適な方法を模索し、自己を管理しているのです。

■食への好奇心と合理性

稼ぐ人は好奇心が旺盛な人も多いです。当然食に対しても好奇心旺盛です。例えば、堀江貴文さんは、一般の人が躊躇するような「バロット」という孵化しかけの卵を、試しに食べてみたと聞いたことがあります。それがおいしい、おいしくないかにかかわらず、とりあえず口にしてみるわけです。

堀江さんやひろゆきさんは、一般の人が躊躇するようなもの（もちろん、食べることで害があるようなものではない）でも平気で食べることがあります。ABEMAで配信しているひろゆきさんの海外旅番組では、ゲテモノを食べているシーンもあったのでご存知の方も多いかと思います。

ひろゆきさんがこのようなものを食べられるのは、**強い好奇心だけでなく、「タンパク質だから」と合理的に捉えている**点もあるようです。これは、「お金を単なる数字として見る感覚」と似ています。食材もまた「ただの栄養素」であり、見た目や固定観念に縛られることなく、合理的に思考しているのでしょう。

■食に対してコスパを考えない

成功者の中には、過去に食に困った経験を持つ人もいて、それが逆に「食に対する強いこだわり」につながることがあります。

創業当時は経済的に厳しく、毎日パックご飯にふりかけしか食べられなかった経営者がいます。お金を稼げるようになった途端、「食べログ4点以上の店を制覇する」という目標を立て、徹底的に食の世界を追求し始めました。

彼と食事に行った際、60万円のワインを開けながら、その見た目、香り、味わいを、五感をフルに使って堪能し、うれしそうに語っていました。これは、単なる贅沢ではなく、本来あった好奇心と欲の深さで「最高の食」を追求している姿だと思いました。

そして、資産があるレベルに達すると、人は「コストパフォーマンス」よりも「パフォーマンスそのもの」を重視するようになります。例えば、「10万円のワインは1万円のワインの1・2倍のおいしさなので、10万円のほうを飲む」という選択をします。なぜなら、**アルコールが体に悪いものである以上、飲むなら「最高のものを選ぶ」という独自の合理的な考え方**が働くからです。

■「本物を知ること」に重きを置く

「本物を知る」ということは、稼ぐことにつながります。高級なレストランに行ったことがない人は、そもそも「高級な食事とは何か」という基準を持てません。その結果、人生の中で「本物を知らない」ままになってしまいます。

実業家の前澤友作さんは現代アートのコレクターとしても有名です。2016年にバスキアの作品を約62億円で落札。バスキア最高落札額として、賛否を呼ぶ話題となりました。それを機に、アメリカのセレブリティたちにも注目され、前澤さんは新たなネットワークを築いたと言われています。そして、アートコレクションの入れ替えの一環として、2022年にその作品を約110億円で売却。特別なネットワークを得た上に約48億円の利ザヤが出たことになります。

成功者は、食だけでなく、音楽、ファッション、住まいなど、あらゆる分野で「本物を知る」ことを重視します。「物欲」が強い人もいますが、食事や旅やアート鑑賞などの「体験欲」に重きを置く傾向があります。

大事なのは、**「自分がどこに欲を持つのか」**を知ることです。お金を稼ぐこと自体が目的なのではなく、それは何かを手に入れるための手段にすぎません。**「何のために稼ぐのか？」を明確にすることで、自分が求めるものがはっきりしてくる**のです。

本章のまとめ

人もお金も運も、自分で呼び込む

☑健康を「仕事の資本」として捉え、睡眠や運動、食事に積極投資してパフォーマンスを最大化する

☑リセールバリューを意識した買い物や、必要な体験には惜しまず支出する姿勢が資産を増やす

☑小さなギブと自責の姿勢で周囲との関係を深め、人と運を引き寄せる土台をつくる

方程式④「欲のリミッター」を外す

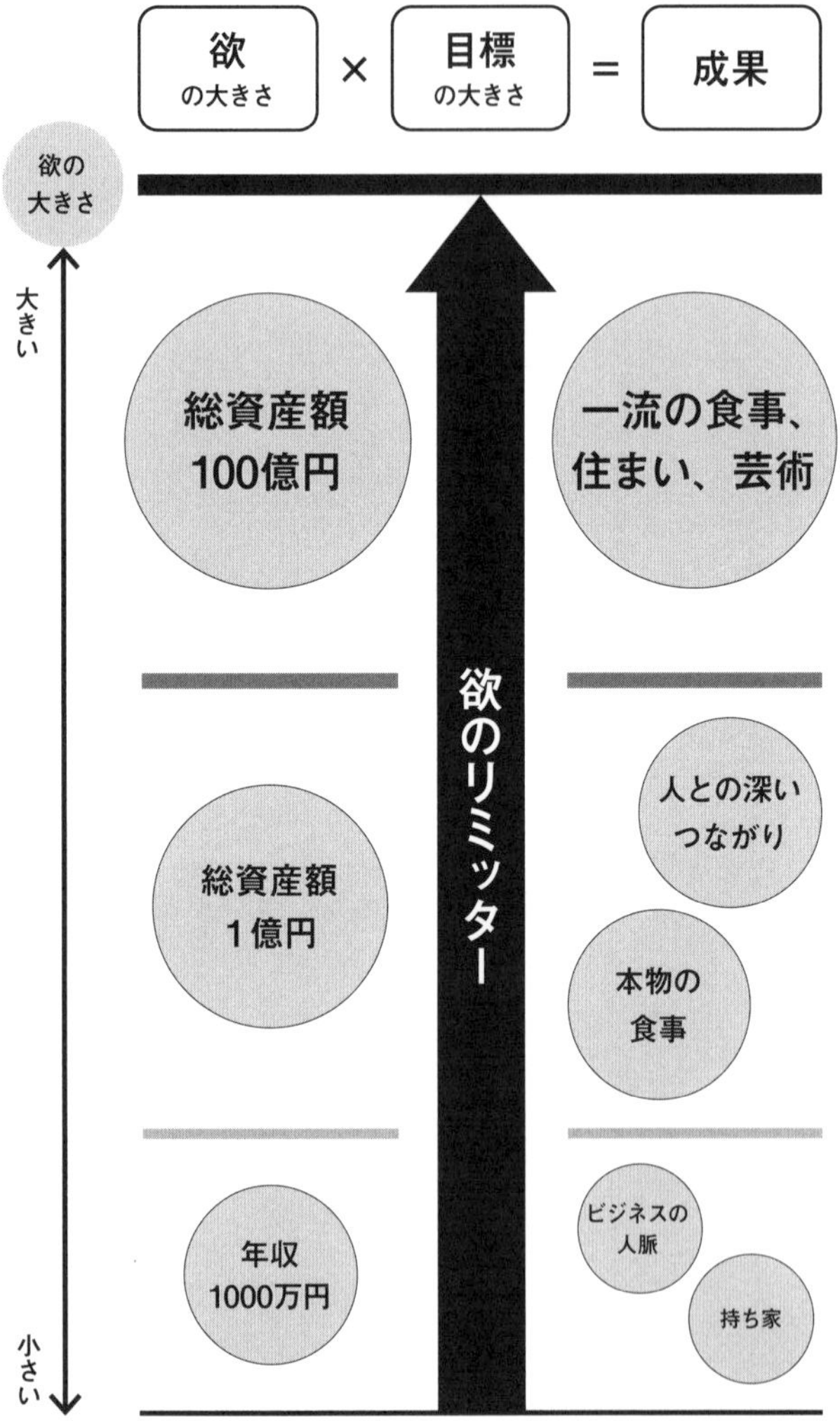

第5章

時代を読み 人を動かす力

億の資産を築くために❺

人を動かせるしくみや価値をつくり成果を大きく伸ばす

自分ひとりで突き進むのではなく、
メリットや魅力的な環境を提示して
他人を動かすしくみをつくる

稼ぐ人の
他動力

他人を動かす力としくみをつくる

■他人に働いてもらう力

成功するためには、自分ひとりでがんばるのではなく、他人にうまく働いてもらうことが重要です。特に、面白いアイデアを持っている人ほど、自分ですべてをこなそうとするのではなく、実際に手を動かせる人と役割分担をすることが必要です。そうすることで、自分が持つアイデアがより大きな形となり、短期間で成果を出すことができるのです。

以前、ひろゆきさんの書籍を手掛けた際に、彼が言っていたことがあります。「1%

のひらめきを、99%の努力ができる人にやってもらう」というものです。まさに他人の力を上手に引き出して、一緒に成功をするための考え方で、ベストセラーである『1%の努力』の元になったであろう考えだと思います。そう考えるようになったきっかけは、自らが営業するよりも高い金額で仕事を受注してくる人を見たときだったそうです。「自分が営業をするよりも、この人に任せたほうが効率がよくて合理的」。ひろゆきさんはそう考えたと言っています。

この例に限らず、**他人に上手に働いてもらうことは効率的に成果を出すための基本的な考え方**でもあります。実際に、成功している起業家や経営者の多くは、自分が何でもやるのではなく、人を動かす能力に長けています。

彼らは、**自分が苦手なことや、時間がかかることを他人に任せることで、自分がやるべき重要なことに集中できる**のです。これは、企業経営だけでなく、日々の業務や副業を進める際にも応用できる考え方でしょう。

■自分がいなくても回るしくみをつくる

稼いでいる人の共通点の一つに、**「自分が働かなくても回るしくみをつくっている」**という点があります。多くの優れた経営者が「結果的に経営者は暇になる」と言っています。これは決して怠けているわけではありません。むしろ、彼らは自分が関わらなくても業務が回るような体制を整えているのです。

ある騒動をきっかけに規制が広まった業界のベンチャー社長のお話です。その会社は騒動の当事者だったことからその業界に見切りをつけ、「ズラす技術」で業態転換に成功。株価と業績は急成長しました。その社長とは定期的に取材も兼ねた食事をしていたのですが、ある1月の食事の際、社長はその年の事業計画と採用計画を一気に話し終えると、「今年、俺がやることはもう終わっちゃった」と笑っていました。そして「あと11か月は、来年以降に何をやるか考えることだ」と続けました。実際に、その会社はその年も次の年もすばらしい成長を遂げました。

会社の業務を細分化し、それぞれの役割を明確にすることで、自分がいなくても会社が回るようになります。これにより、経営者は新しい事業の展開や、より大きなビジョンの実現に時間を割くことができるのです。

これが実現できた人たちは、最終的に億の資産を築くというレベルに留まりません。

この本質は、**「自分が動かなくてもお金が生まれるしくみをつくること」**にあると言えるでしょう。

デール・カーネギーの『人を動かす』は「相手を尊重し、信頼関係を築くことで自然に影響力を発揮する」方法を提唱した世界的な超ロングセラー本ですが、少なくとも「人を動かす力」が稼ぐ源泉であることは間違いありません。

また近年では、人に仕事を任せるだけでなく、テクノロジーを活用して業務を効率化する動きも増えています。例えば、飲食店ではキッチン自動化システムやセルフレジやスマホオーダー、配膳ロボットなどいままで人間が従事していた業務を機械に代替することで効率化し、AIを積極的に活用してビジネスを展開している人たちもいます。彼らはまさにこの「任せる力」を実践していると言えるでしょう。

テクノロジーを駆使すれば、人の手を借りずに業務を自動化し、効率よく収益を上げることが可能になります。

人を使えることも、機械やAIを駆使できるのも、自分にレバレッジをかけていることなのです。自分ひとりだけのマンパワーには限界がありますから、これらを使えるようになる人には「稼ぐ力」が身についてくるのだと思います。

■他動力こそ、いつの時代も必要な力

堀江さんの会社のあるスタッフが、ベストセラーである『多動力』について語った際、「堀江さんの本当にすごいところは『他動力』だ」と指摘していました。つまり、**自分が動くのではなく、他人を動かす力こそが稼ぐためのカギ**だということです。

もちろん、人を動かすには単なるカリスマ性だけでは足りません。前述のとおり**「ギブする力」を持つことが大事です。お金や知識、機会、さらには笑顔など、相手に何かしらの価値を提供できる人こそ、他人を動かす力を持てる**のです。

ただ指示を出し続けるだけではなく、周囲に何かを与え続けることで、人々を自然と動かしていく。これが富を築くポイントになります。

他人を動かす力としくみを整え、自分が動かなくても仕事が回る状態をつくること。

それこそが、いつの時代においても価値のあるスキルなのかもしれません。

稼ぐ人の
発注・依頼

人・金・興味のうち二つを押さえる

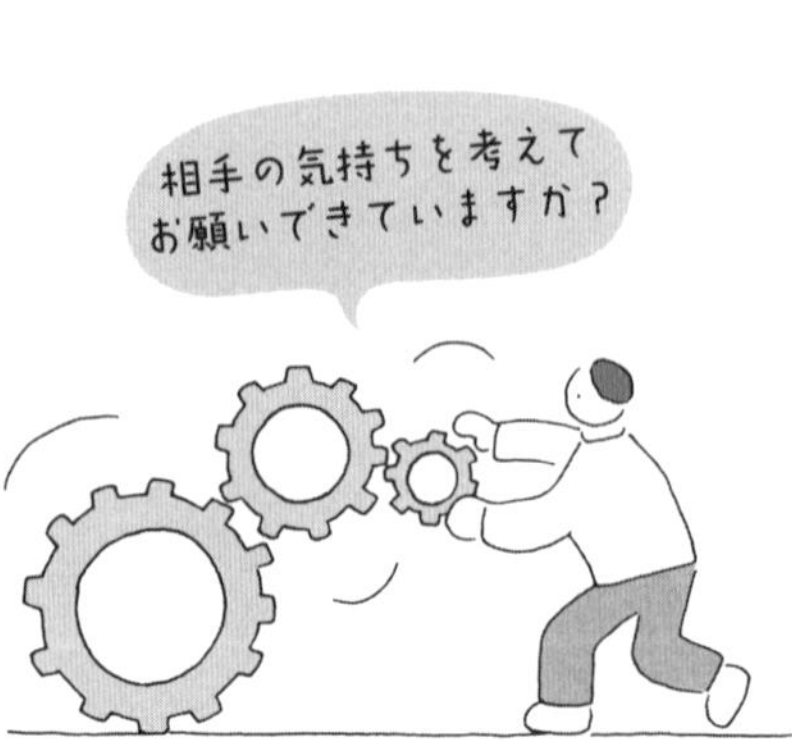

■人が動くポイントは人・金・興味

セミリタイアを実現したライターの中川淳一郎さんは、仕事を受ける際の重要な要素として以下の三つを挙げています。

1　ギャラがいいこと
2　仕事が面白そうなこと
3　発注者と仕事がしたいと思えること

この三つのうち、最低でも二つが揃っていないと仕事を受けるべきではないと彼は言っているのですが、これは真理だと実感しています。逆に言えば、**発注者・依頼者は、この三つのうち二つを満たすことができれば、人を動かすことも可能になる**ということです。

単に給与を高くするだけでは、長期的に人を動かし続けるのは難しいでしょう。高給であることに加えて、仕事内容が魅力的であったり、仕事相手に対する信頼が必要になってきます。**当然、相手側にモチベーションがあるわけですから、そこを見抜き、理解しておけば、人はより積極的に働く**ようになります。

優れたビジネスパーソンは、この「人を動かすポイント」をうまく理解し、実践しています。人に働いてもらうには「お金だけでなく、働くことの価値や楽しさを提供すること」が求められるのです。

■言葉に惹かれる人、行動に惹かれる人

人を使うには魅力的な発注者になることが有効なわけですが、人が誰かについていくときの理由はなんでしょうか？

その理由は、大きく二つ。一つは、その人の「言葉」「ロジック」に惹かれる場合。もう一つは、**その人の「行動」や「人柄」に魅力を感じる**場合です。スティーブ・ジョブズのストーリーの巧みさや、稲盛和夫さんの「アメーバ経営」「利他の心」など、カリスマ的なスピーチで多くの人を惹き付ける人もいれば、自ら行動で示し信頼を得る人もいます。

そして、人を動かすには魅力だけでは不十分です。前述の通り、「報酬」「仕事の面白さ」「発注者の価値」のうち最低でも二つは提供するというのが前提です。これらが欠けていれば、人はついてきません。例えリーダーが遊んでばかりいても、給料がよくて、仕事も面白ければ、人は集まります。一方、報酬が少なくても、**リーダーが信頼できる魅力的な人物で、事業の成長や仕事へのやりがいが得られる環境なら、人はその場に身を置こうとする**場合もあります。

ただし、そうやって惹きつけても、人を動かす力がなければいけません。その力とは、相手が求めるものを察知し、それを提供することによって影響を与える力。カリスマ性を持つリーダーや優れた経営者は、**相手のニーズを把握し、それに応じた環境**

を整えることで、人を動かしていきます。

また、人だけでなく、しくみを動かす力も必要になります。システムを動かし、効率的に結果を生み出す。投資家であれば、自ら労働するのではなく、資金を活用し、収益を生むしくみをつくることで利益を得ています。

優れたビジネスパーソンは、ここまで述べた人を惹き付ける魅力と人やしくみを動かす力を併せ持ちます。組織を統率する場面では人としての魅力を発揮し、成長を加速させる際にはしくみを活用する。成功にはどちらか一方だけではなく、両方をバランスよく使うことが不可欠なのです。

■交友関係を意図的にコントロールする

時間には限りがあります。いくらお金があっても時間そのものを買うことはできません。そして付き合いの幅が広がると、時間の制限からすべての誘いに応じることは不可能。そこで、「どの場に顔を出すか」を見極めるセンスが必要になってきます。

彼らは〝ベタ〟なところには行きません。「有名な人の十番手」よりも、「自分にとって大切な人の一番・二番手」になるほうに顔を出すのです。

では、稼ぐ人はどうやって場に優先順位をつけているのでしょうか？　彼らの頭にあるのは「ステージが変われば付き合う人も変わる」という考えです。それをもとに交友関係を意図的にコントロールしています。だからといって過去の人間関係をおろそかにするわけではありません。本当に長く成功を続ける人は、昔からの友人を大切にし、信頼関係を維持しています。

人間関係の築き方は人それぞれですが、彼らに共通しているのは**「広く浅い関係を保ちながら、局所的に深い関係も持っている」**ことだと感じます。そのためには、幅広いネットワークを築きながらも、必要な場面では深い信頼関係を持つことが求められます。イベントやカンファレンスを通じて広く社交し、互いに必要性があると判断すればビジネスにつなげる。これが現代の成功者の人付き合いの形のようです。私はそういった人間関係の築き方が得意ではないので、稼ぐ人たちの交流の仕方を見て、いつも感心しています。

稼ぐ人の
信頼関係

人と深い関係を築くには大変なときほど寄り添う

■本当に大切なときに寄り添える関係

「結婚式と葬式が重なったら、葬式に行け」という言葉があります。この言葉が単にイベントの優先順位を示すものではなく、人が大変なときほど寄り添うべき、という考えがベースにあります。そして、これは人付き合いのポイントを物語っています。

人付き合いにおいて、調子がいいときは誰もが寄ってくるものです。しかし、常に調子がいいとは限りません。象徴的なのが本書で最多登場となっている堀江さんでしょう。堀江さんが逮捕されるまでは一緒に事業を行おうと多くの人が集まっていました。しかし、ライブドア事件直後、声をかけてくる人は激減しました。そんなときにこそ寄り添った人が、今でも堀江さんと一緒に仕事をしています。

調子のよいときに寄り添うのと、調子が悪いときに寄り添うのとでは、同じ時間をかけたとしても、得られる信用の度合いに雲泥の差があります。

ビジネスにおいても同様で、調子のよいときにだけ寄り添う人と、困難なときに寄り添う人とでは、信頼の重さが違います。もちろん調子が悪いとき手を差し伸べることは、自らもその流れに巻き込まれ、予期せぬトラブルに発展する可能性があります。だからこそ、それができる人は信頼を勝ち取れるともいえます。こんなことは極々当たり前の話ではありますが、これができる人はなかなか少ないです。

そして、藤田晋さんや夏野剛さん、川上量生さんなどの経営者は、堀江さんが収監された際にも面会に行くなどしていました。場合によっては、当局から目をつけられてもおかしくないのに、です。目先のトラブルや一時的な利益ではなく、本当に大切な人との関係を築こうとしていたのです。

人脈を広げることも大事ですが、それ以上に重要なのは、「必要なときに寄り添える関係」をつくることです。短期的な成功ではなく、長期的に信頼を積み重ねることこそが、人生の中で最も価値のある資産なのかもしれません。

■異業種交流会に頻繁に顔を出す人は成功しない

よく「人脈を広げるために、とにかく人に会いまくるのが大事」と言う人がいます。しかし、実際に成功している人たちは、自分の時間を大切にし、付き合う相手を選んでいます。人と交流しても、その場限りの単発で終わってしまっては、チャンスは活かしきれないでしょう。バッターボックスに立つことは重要ですが、無闇に打席に立っても意味がありません。彼らは「この機会が本当に自分の未来につながるのか？」という視点を持ち、慎重に人付き合いをしています。

異業種交流会に頻繁に顔を出す人の多くが成功しないのは、その場でのつながりが目的となり、長期的な価値を生み出すまでに発展しないからです。重要なのは、**価値のあるつながりを見極め、自分にとって本当に意義のある場にだけなるべく時間を使う**ことです。

稼ぐ人の

働き方

人を動かす際には時代の「働かせ方」に合わせる

■タスクが溜まると疲弊する

仕事が増えれば増えるほど、タスクに追われて焦る。これは、多くの人が経験していることでしょう。仕事が次から次へと降ってきて、やることが山積みになれば、パニックになる人もいるでしょうし、疲れ果ててしまう人もいると思います。

ただし、投資家という職業だけは少し事情が違います。「本業型」や「本業×投資型」の人は本業のタスクが溜まってしまうのですが、「投資型」の人には本業分のタスクがないのです。彼らは、タスクを減らすことで利益を上げる稀有な存在なのです。

事業家として猛烈に仕事した後、その資産をベース家に投資家へ転向し、自由に時間を使っている人がいます。これは、まさに人生の時間コントロール術の賜物です。

成功する人ほど、自分の時間をどう使うかを徹底的に考え、それを実践しています。だからこそ、**仕事に追われるのではなく、自ら仕事を選び取ることができる**のです。

■外資系エリートの苦悩

外資系の投資銀行や戦略コンサルに勤めるエリートたちは、特別な環境のもとで徹底的に鍛えられます。年次で十分なパフォーマンスを出していないとクビになるなど、厳しい競争の中で生き残らなければなりません。

コンサルタント会社は、入社1年目のアシスタントですら「時給数万円」でクライアントに請求します。つまり、その価値を生み出さなければならないという厳しい現実があるのです。このプレッシャーの中で、彼らは必死で知恵を絞り、成果を上げる努力をします。

ただ、こうした環境が彼らを幸せにするかというと、そうとは限りません。常にレイオフ（一時解雇）と隣り合わせで、精神的な負担も大きいのです。確かに、この道を勝ち抜ければ高い収入が得られますが、その過程で少なくない人が脱落していくのも事実なのです。

■これからの働き方をどう選ぶか

会社の組織形態も大きく変わりつつあります。いくつかの有名企業では「働き方改革」の影響で20代の若手社員はあまり残業をしなくなりました。その一方で、40代以上の管理職層は仕事量が増え、疲弊しています。これは、部下に残業させられない環境が生まれたことで、管理職が自ら働かざるを得なくなったためです。

このような状況の中で、企業で働くことのメリットとデメリットをあらためて考え直す必要があります。昔のように**「終身雇用」や「年功序列」に依存するのではなく、自分の働き方を主体的に選ぶことが重要**になってきています。

成功するためには、単に努力するだけでなく、時代の流れを読んで、稼ぐためにどのように働くか」を考えることが求められています。

稼ぐ人の共通点

稼ぐ人は稼ぐ前から行動を習慣化している

■ひょうひょうハードワーカーとは？

現代の稼ぐ人を見ていると、従来の「根性論で突き進むタイプ」とは少し違った特徴を持っていることがわかります。彼らは、いわば「ひょうひょうハードワーカー」とでも呼ぶべき存在です。

このタイプの人たちは、淡々と仕事をこなしながらも、異常なまでに働くことができます。しかし、**ただがむしゃらにやるのではなく、効率を重視しながら、自分のペースで確実に成果を上げていきます**。例えば、タイミー代表の小川嶺さんのように、若くして成功した人たちは、ひょうひょうハードワーカーに見えます。

そして、稼ぐ人は**「人との貸し借り」を上手に使います**。たとえ薄い関係であっても、時間が経って再び連絡を取ったときに、「この人に頼まれたらやるか」と思えるような信頼関係を築いているのです。

短期的な利益を優先して人を裏切るような行動をとると、長期的な成功は難しくなります。「人脈こそすべて」のように考える人が成功しないのは、こうした部分がきっちりしていないからなのではないでしょうか。

■成功するための行動習慣

稼ぐ人たちは、資産を持つ前から「成功するための行動」を習慣化しています。

1　ズラしの視点を持つ（単なる有名人の集まりに行くのではなく、自分に

とって価値のある人の少人数の場に参加する）
2　ギブの精神を持つ（困っている人を助けることで、長期的な信頼を築く）
3　時間を大切にする（無駄な会には行かず、本当に価値のあるつながりを追求する）

稼ぐ人は、「お金を持ってからの行動」ではなく、「持っていないときに何をするか」を重要視します。つまり、ゼロの状態からすでに「成功する人の考え方」を持っていたのです。

特徴としては**「行動力はあるけど、落ち着いている」「常識に囚われないので、顰蹙を買うこともある」「空気を読みすぎず、自分の習慣に忠実である」**などの共通点があるように思います。

■かつての成功者たちも時代の変化を捉え行動した人たち

バブル崩壊後、日本では「失われた30年」と呼ばれる時代が続きました。しかし、その間に「非エリート」でも億を稼ぐ人たちは多く存在します。

彼らに共通するのは、「時代の変化を捉え、行動した」という点です。テクノロジーの波に乗り、新しいビジネスモデルを活用した人たちは、失われた30年の中でも成長しました。

時代が変わっても稼ぐことの本質は変わりません。それは、**「好奇心を持ち、人との関係を築き、機会を見極めること」**です。何をすれば稼げるのか、その答えはすでに過去の成功者たちの行動の中にあるのです。

本章のまとめ

「任せる力」と信頼関係が大きな成果を生む

☑相手の報酬・興味・人柄など「動機づけ」を押さえ、人が進んで動きたくなる環境を整える

☑苦しいときこそ手を差し伸べ、長期的な信頼関係を築くことで大きな成果につなげる

☑組織化やAI活用で業務を他人やテクノロジーに任せ、自分はより価値の高い仕事に集中する

方程式⑤　人を動かす

組織のマンパワー ＋ 組織のシステム

×

人を動かす力

＝

より大きな成果

人を動かすために必要な力

- 価値ある何かをギブできること
- 十分な報酬を与えられること
- 面白そうな仕事を与えられること
- 自分と仕事をしたいと思わせられること
- 深い信頼関係を構築できること

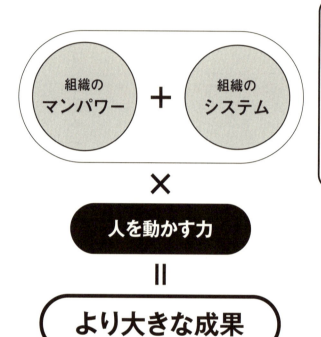

おわりに――

「稼ぐ力」

それは何も特別な存在の人間だけが身につけているものではありません。

では、稼げない理由は何なのか。

理由は単純。

おおよその方法は知りつつも、実践していないからです。

稼ぐ人々、資産を築き上げる人々には、いくつかの共通点があります。

一つは「マメであること」。

もう一つが「行動力があること」です。

成功する人は、細かいことをおろそかにせず、情報を集め、適切な人とつながりを持っています。

また、彼らは決断が早く、行動に移すのが早いという特徴も持っています。例えば新しいプロジェクトを次々に立ち上げて、相当数の試行錯誤をこなすことで、成功を収めるわけです。

加えて、ビジネスの成功において、行動を起こすだけでなく、それをしつこく続けることがとても重要です。

多くの成功者は、一度の失敗であきらめることなく、試行錯誤を繰り返しながら最終的に成果を出しています。

世の中には稼ぐためのノウハウが無数に出回っています。

それだけの数のノウハウがあるのに、「稼げない」と嘆く人は少なくないと感じます。それはお金を稼ぐノウハウではないところに、稼ぐ力の本質的なものがあるからではないかと思い至るようになりました。

だからこそ、本書をお読みいただくことで「稼ぐ力」を再認識し、お金の呪縛から解き放たれてほしいと思っています。多くの稼ぐ人と出会い、取材を重ねてきた編集者として、それがある種の使命ではないかとも感じています。

この本が、あなたが望む人生を手に入れるきっかけとなれば、幸いです。

金泉俊輔

億《おく》を稼《かせ》ぐ力《ちから》

非《ひ》エリートでもできる習慣《しゅうかん》と方程式《ほうていしき》

2025年4月28日　初版発行

著　者　金泉俊輔《かないずみしゅんすけ》
発行者　山下　直久
発　行　株式会社KADOKAWA
〒102-8177　東京都千代田区富士見2-13-3
電話0570-002-301(ナビダイヤル)
印刷所　TOPPANクロレ株式会社
製本所　TOPPANクロレ株式会社

●お問い合わせ
https://www.kadokawa.co.jp/ (「お問い合わせ」へお進みください)
※内容によっては、お答えできない場合があります。
※サポートは日本国内のみとさせていただきます。
※Japanese text only

定価はカバーに表示してあります。

ISBN 978-4-04-607160-6　C0030